هو العظیم

دیباچه

دعا و نیایش از منظری دیگر

دعا و نیایش را باید از مقولات جهانی و به تعبیر علامه جعفری: «از مسائل فرهنگِ مشترکِ بشری» به شمار آورد، چرا که تقریباً ملّتی را نمی‌توان یافت که نیایش و گونه‌های مختلف دعا، جایگاهی در نزد آن‌ها و فرهنگِ گذشتهٔ آنان نداشته باشد. به این اعتبار، آن چه که دعا خوانده می‌شود و نیایش را شکل می‌دهد، از زبان‌های عمومیِ انسان‌ها برای فهمِ هستی و حضور در هستی به شمار می‌رود. واقعیت این است که انسان‌ها، بسیاری از مسائل مهم و غیر محسوسِ خود را با دعا گِره زده‌اند و نیایش جایگاهی خطیر در زندگی آن‌ها ایفا می‌نماید. از این منظر، دعا امری دینی و مذهبی نیست و جنبهٔ درون‌دینی پیدا نمی‌کند، بلکه واقعیتی است عام و بشری که در عبور انسان از مرحله‌ای به مرحله‌های دیگر، نقشی حسّاس ایفا می‌کند.

اگر از دیدگاه معرفت‌شناسی نگاه کنیم، نیایش، راهی است برای نفوذ به مراتبِ مطلوبِ هستی. انسان‌ها از طریق دعا و زبانِ نیایش، راه خود را از زمین جدا می‌کنند و طریقت خودشان را به سمت آسمان می‌گشایند. این طریقت، آغازِ جریانِ جریان‌ها و جنبش‌های غیر مادی است که تشکیل‌دهندهٔ «معنویّت» و «تعالی» است. کسانی که از این تعالی و معنویّت، تفسیری صِرفاً دینی ارائه می‌کنند، تنها گروهی از مفسّران را تشکیل می‌دهند و در کنار آن‌ها گروهی دیگر قرار دارند که تفسیرشان از دعا و

متفرّعات آن، کاملاً انسانی است، هر چند روح و روحانیّت هم در آن لحاظ شده باشد.

کتابی که پیش روی دارید، اثری است که مضمون اصلی آن، نیایشی است برآمده از زبان یکی از امامان و پیشوایان شیعه در قاموس تشیّع - **امام حسین** ﷺ - که کارزار، از خودگذشتگی و نبرد مقدّس او با خلافت اموی و خلیفهٔ بدنام - **یزیدبن معاویه** - معروف است و امروزه کم‌تر کسی را در جهان می‌توان یافت که با این حماسهٔ حیرت‌انگیز آشنایی داشته باشد و آن را مهم و پر عظمت تلقّی نکند. از دیدگاه شیعه، امام حسین ﷺ تنها کسی است که بعد از **پیامبر اسلام** ﷺ، راه او را تثبیت کرد و موفق شد تعالیم پدرش **علی‌بن ابی‌طالب** ﷺ را که نخستین امام شیعیان است، با رساترین فریاد به گوش جهانیان و اهل تاریخ برساند. در این میان، برکنار از حماسهٔ عملیِ او که به شهادت خود و یارانش و اسارت خاندانش انجامید، در نمونه‌هایی مانند دعا و نیایش، ما شاهد طرح شدن مسائلی از زبان امام حسین ﷺ هستیم که روحی و معنوی بودن آن‌ها جنبهٔ عمومی و انسانی دارد و انسان را در مدارِ حقایقِ آسمانی قرار می‌دهد؛ به گونه‌ای که شاهد شکل گرفتن گفتگویی نورانی هستیم که در یک سوی آن انسان قرار دارد با مشخصات خودش و در سوی دیگرِ آن، خداوند بزرگ قرار دارد که می‌تواند با عنایات خود، انسان را از ضعف به قدرت و از خطا به صلاح رهنمون شود.

امام حسین ﷺ در این تلقّی، از سخنگویانِ وجدانِ عامّ بشری است و سخن او می‌تواند جنبه‌ای بشری داشته باشد که در این جا با زبان نیایش صادر و عرضه شده است و استاد محمدتقی جعفری این مفاهیم و قضایا را به زیبایی و ساده‌ترین بیان و تفسیر برای ما آشکار می‌کند، تا هم دعا و نیایش را آن‌گونه که هست، بشناسیم و هم راه ارتباط با خدا و سخن گفتن با او را تجربه کنیم.

دربارهٔ سبک و روش این کتاب باید یادآوری کنیم که نگاه آن تنها درون‌دینی و متّکی به تلقّی‌های مذهبی نیست، بلکه نویسنده کوشیده است با تفسیری انسانی به مفهوم دعا و نیایش بپردازد. درست است که متنِ موردِ تفسیرِ جعفری یکی از دعاهای کلاسیکِ شیعی است و متن آن در موقعیتی خاص از امام سوم شیعیان صادر شده، اما قابل توجه این است که ایشان، آن را به سبک متعارف و به شیوهٔ مفسّران شیعی ارزیابی ننموده، بلکه با نگاهی کاملاً انسانی و بر پایهٔ مشهودات، آن را برای بررسی برمی‌نهد.

روش جعفری در غالب ارزیابی‌هایی که انجام داده، اغلب برون‌دینی است تا درون‌دینی. درست است که او به حسب هویّت، از دین‌شناسان محسوب می‌شود و دیدگاه‌هایش خاستگاهی مکتبی دارد، ولی به لحاظ علمی و عملی، خود را فقط در چارچوب درون‌دینی محدود نساخته است. بر این اساس، خوانندگان این کتاب با جنبه‌هایی روبرو هستند که ابزارهای به کار گرفته‌شده در آن، مبتنی بر وجدان، فهم عام و مشخصّاً ارزش‌های مشترکِ بشری است.

در این بستر، دعا و نیایش معنایی ملموس به خود می‌گیرد که ضرورت‌هایی چندگانه دارد؛ هم‌چنان که مفهوم خدا نیز تفسیری معقول‌تر و مؤثرتر می‌یابد که از بسیاری پیرایش‌ها و آرایش‌ها برکنار است.

بنا بر این، در متنی که اینک از نظر می‌گذرانید، ما شاهد تفسیری متفاوت از مفاهیم هستیم که خدا در آن، علاوه بر حضور در زندگی، مفهومی مؤثر در بینش و کردار دارد و دعا نیز از حالت ابزاریِ آن خارج شده و به ساحتی کاربردی نزدیک شده است.

مؤسسهٔ تدوین و نشر آثار علامه جعفری

بسم الله الرحمن الرحیم

مقدمه در تعریف نیایش

آن حالت روحی که میان انسان و معبودش رابطهٔ انس ایجاد نموده و او را در جاذبهٔ ربوبی قرار می‌دهد، نیایش نامیده می‌شود.

در آن هنگام که شما موقعیّت واقعی خود را در جهانِ با عظمتِ هستی درک می‌کنید، در حال نیایش به سر می‌برید، زیرا تنها در این حال است که تمام «خود» را مانند تابلویی بی‌اختیار در زیرِ دستِ نقّاشِ ازل و ابد نهاده‌اید. اگر می‌خواهید در امتداد زندگی خود، لحظاتی را هم از جدّی‌ترین هیجان روانی بهره‌مند شوید، دقایقی چند، روح خود را به نیایش وادار کنید. اگر می‌خواهید تمامِ شئونِ زندگیِ شما اصالتی به خود گرفته و قابل تفسیر باشد، بروید و دَمی چند در حال نیایش باشید.

هیچ کس تردید ندارد که روزی فرا می‌رسد که سایه‌ای از مضمون بیت زیر درون او را مشوّش و توفانی خواهد ساخت:

من کیستم؟ تبه شده سامانی   افسانه‌ای رسیده به پایانی[1]

شاعری فرزانه از زبان همهٔ ما آدمیان چنین می‌گوید و چه قدر واقعیّت را زیبا می‌گوید:

۱ـ شعر از نگارنده شاعر است (رحمة‌الله علیه).

با دیدگان فرو بسته، لب بر جام زندگی نهاده و اشک سوزان بر کنارهٔ زرّین آن فرو می‌ریزیم. امّا روزی فرا می‌رسد که دستِ مرگ، نقاب از دیدگان ما برمی‌دارد و هر آن‌چه را که در زندگی، مورد علاقهٔ شدید ما بود، از ما می‌گیرد. فقط آن وقت می‌فهمیم که جام زندگی از اول خالی بوده و ما از روز نخست، از این جام، جز بادهٔ خیال ننوشیده‌ایم.

لرمانتوف

مگر نه این است که زندگی بی‌نیایش و بیرون از جاذبیّتِ کمالِ الهی، همان جام خالی است که هنگام تولد به لبانمان می‌چسبانیم و موقع مرگ آن را دور می‌اندازیم!

واضح است که دیر یا زود، همهٔ ما از این کرهٔ خاکی و از این ستارگان و آفتاب فروزان و از این کهکشان‌ها که میلیاردها سال در پشت سر گذاشته و هنوز به درخشندگی خود ادامه می‌دهند، چشم بربسته و در بستر مرموز خاک خواهیم غنود. آری، دیر یا زود، آخرین نفس‌های ما در فضای سپهر نیلگون درپیچیده و راه خود را پیش خواهد گرفت. بیایید پیش از آن که چشمان ما برای آخرین بار نمودی را ببینند و پلک‌ها روی هم گذارد و پیش از آن که لب‌های ما آخرین سخن خود را بگوید و بسته شود، و پیش از آن که قلمروِ درونیِ ما آخرین تلاش‌های خود را برای همدمی با روح انجام دهد، ببینیم در مقابل نقدینهٔ پر ارزشِ عمرِ ما که سکّه به سکّه به بازار وجود می‌آوریم و آن‌ها را از دست می‌دهیم، چه کالایی را در این بازار پر هیاهو دریافت می‌کنیم! مگر نه این است که:

چون به هر فکری که دل خواهی سپرد — از تو چیزی در نهان خواهند برد[1]

بیایید اشارت‌های طلاییِ اجرام و قوانینِ این فضای بی‌حدّ و کران را نادیده نگیریم؛ آنان ما را برای همکاری با خود در نیایش به خداوند بزرگ

۱ـ مثنوی معنوی، دفتر دوم.

دعوت می‌کنند.

لحظاتی دیدگان خود را از تماشای خویشتن و طواف به دور خود گرفته و بر افقِ بی‌پایانِ فضا بدوزیم. ما هم دست‌های خود را برای اجابت به اشارت‌های موجودات این فضای بی‌کران به آسمان بلند کنیم و لبی حرکت دهیم و با ندای: آه پروردگارا! خود را از خودسری در این جهان هدف‌دار تبرئه نماییم. مگر نه این است که:

از ثَری تا به ثریّا به عبودیّت او　　همه در ذکر و مناجات و قیامند و قعود

سعدی

گاهی یأس و نومیدی و اندوه‌های ما به آخرین درجهٔ شدت می‌رسند؛ ناگهان پس از لحظه‌ای به یک امید و شادی شگفت‌انگیز مبدّل می‌گردند و یا در توفان سهمناک یأس و نومیدی‌ها، بارقهٔ خیره‌کننده‌ای از گوشهٔ مبهم روح درخشیدن گرفته، سراسر وجود ما را روشن نموده و آهسته در گوشِ دلِ ما می‌گوید:

هان مشو نومید چون واقف نئی زاسرار غیب
باشد اندر پرده بازی‌های پنهان، غم مخور

حافظ

این زمزمهٔ روح‌نواز است که از شکستن کالبد بدن و تسلیم به مرگ در برابر آن ناملایمات جلوگیری نموده و ما را به چنین نیایشی حیات‌بخش وادار می‌کند که: **خداوندا! احساس میزبانیِ تو برای وجودِ بی‌نهایت کوچک ما در اقلیم هستی است که این قفس تنگ را برای ما قابل تحمل ساخته است.**

آری:

ما را به میزبانی صیّاد اُلفتی است
ورنه به نیم ناله قفس می‌توان شکست

روز و شب بـا دیـدن صیّاد مستم در قـفس
بس‌که مستم نیست معلومم که هستم در قفس

هنگامی که شادی‌ها و اطـمینان و کُرنش ما به غـیر خـداونـد از حـد می‌گذرد، باز پس از لحظه‌ای خود را در سراشیبیِ نوعی از اندوه و یأس و ابهام که برای آن نیز علت روشنی نمی‌بینیم، درمی‌یابیم.

آیا می‌دانید آن لحظه چه بوده است؟ این، همان لحظه‌ای است که روح بدون این که ما را آگاه کند، فراسوی ایـن جـهان پـناهنده شـده و نـیایش اسرارآمیزی سر داده، گفته است: **خداوندا! دیگر بـار ایـن انسـان ضـعیف،** «خود» را در بادپای هیجانِ شادی‌ها و اطمینان به غیر تـو از دست داده و نشانیِ جانِ خود را گم کرده است؛ عنایتی فرما و او را دیگر بـار بـه سـوی خودش بازگردان.

پروردگارا، خداوندا، بارالها، آفریدگارا! بارقه‌های فروزانی هسـتند کـه از اعماقِ جانِ ما برمی‌آیند و در اعماق جهان هستی فرو می‌روند و آن چنان درخشندگی به جهان هستی می‌دهند که جهان را بـرای مـورد تـوجه قـرار گرفتن خداونـدی بـرازنـده مـی‌سازند. کسـی کـه مـی‌گوید بـا یـک گـل بـهار نمی‌شود، باید بداند آن گل که با شکفتن آن بهاری به وجود نـمی‌آید، گـلِ بوستانِ طبیعت است که هر گاه بادهای خزانی، زیبایی و طراوت آن را نابود کرده باشد، شکوفایی یک گل، توانایی ایجاد بهار در آن بوستان را ندارد. اما هر گلی که در باغ جان‌های آدمیان بروید و لب بر خندهٔ نشاط باز کند، بهار را با خود می‌آورد و همهٔ باغ هستی را شکوفا مـی‌سازد و نسـیم جـان‌فزای بهاری بر آن وزیدن می‌گیرد. این، یک حقیقت است که:

بگذر از باغ جهان یک سحر ای رشک بهار
تا ز گلزار جهان رسم خزان برخیزد[۱]

در هیچ یک از فعالیت‌های روانی ما، پدیده‌ای را نمی‌توان نشان داد که از فعالیت روح به هنگام نیایش، عمیق‌تر و گسترده‌تر باشد. درک ما، مشاعر ما، تخیّل ما، تفکّر ما، وجدانِ ما با عظمت‌تر از جهانِ هستیِ ما، همگی و همگی در حال نیایش در هم می‌آمیزند و اقیانوس جان را می‌شورانند. این هیجان و شورش، چنان هماهنگ و با عظمت و جدّی انجام می‌گیرد که نه تنها درون ما را از هر گونه آلودگی‌ها و کثافات پاک می‌کند، بلکه در این حال احساس می‌کنیم که روح ما با گسترش بر همهٔ هستی، روزگار هجرانش به سرآمده و با ورود به جاذبیّت کمال الهی، به آرامش نهایی‌اش رسیده است.

این امری محال است که کسی در دوران زندگی خود، هر چند برای لحظاتی اندک، در این جهان پر ازدحام، احساس غربت نکند. به راستی، لحظاتی در عمر ما وجود دارد که ما حتی خود را از خویشتن هم بیگانه می‌بینیم.

گوش فرا دهید که انسان‌شناسی مثل **حافظ** چه می‌گوید:

سینه مالامال درد است ای دریغا مرهمی
دل ز تنهایی به جان آمد خدایا همدمی

در این هنگام است که می‌پندارد:

آدمی در عالم خاکی نمی‌آید به دست　　عالمی دیگر بباید ساخت، وز نو آدمی

آن کدام همدم شایسته است که این غربت وحشتناک را به اُنس و اُلفت

۱ـ دیوان شمس.

مبدّل کند؟ بی‌تردید، هیچ مونسی مانند نیایش نمی‌تواند این غربت و وحشت‌زدگی را به اُنس مبدّل نماید. در هنگام نیایش، آن جا که به زوال و فنای حتمیِ خود آگاه شده و درمی‌یابیم که زندگی محدود و ناچیز ما در مقابل عمر جهان هستی، به منزلهٔ یک ثانیه در مقابل میلیاردها قرون و اعصار است، در این حال، نسیمی از ابدیّت، مشامِ جانِ ما را چنان می‌نوازد که عمر جهان هستی را به منزلهٔ ثانیه‌ای در مقابل ابدیّت برای ما می‌نمایانَد. در این حال، نغمه‌هایی جان‌فزا، با محتوایی رازدار از اعماق درون ما سرمی‌کشد و ما را از وحشت فنا و نابودی نجات می‌دهد. این نغمه، با گویاترین بیان، گوشِ جانِ ما را چنین نوازش می‌دهد:

ای دل اَر سیل فنا بنیاد هستی برکَنَد

چون تورا نوح است کشتیبان زتوفان غم مخور

حافظ

هنگامی که این نغمه به اوج نهایی خود می‌رسد، چنین می‌گوید:

در غم ما روزها بیگاه شد

روزها با سوزها همراه شد

روزها گر رفت، گو رَو، باک نیست

تو بمان ای آن که چون تو پاک نیست[۱]

ما به خوبی درک کرده‌ایم که در اقیانوسی از نادانی‌ها غوطه‌وریم و دانش ما در مقابل آن اقیانوس تاریک و بی‌کران، قطره‌ای بیش نیست. این حقیقتی است که هر متفکّر خردمندی آن را می‌داند، ولی در لحظات نیایش،وقتی خداوند سبحان‌این زمزمهٔ ملکوتی را به زبان ما جاری می‌کند:

۱ـ مثنوی معنوی، دفتر اول.

قطرهٔ دانش که بخشیدی ز پیش　　　متّصل گردان به دریاهای خویش[1]

احساس می‌کنیم که در دریایی از نور غوطه‌ور شده‌ایم. آخر، نه این است که قطرهٔ ناچیزِ علمِ خود را به اقیانوس علم خداوندی وصل نموده‌ایم!

مرغ روح آدمی در حال نیایش، از تنگنای قفسِ تن رها شده، پر و بالی در بی‌نهایت می‌گشاید. اگر این پرواز به طور صحیح صورت بگیرد، دیگر برای روح، برگشتن و محبوس شدن در همین قفس خاکی امکان‌پذیر نخواهد بود، زیرا پس از چنین پروازی، کالبدِ خاکیِ او هم‌چون رصدگاهی است که به سمت بی‌نهایت نصب شده و از نظاره به آن بی‌نهایت چشم نخواهد پوشید.

ممکن است در حال نیایش، چشم بر افق آسمان بدوزیم و از دایرهٔ محدود چشم، مردمکِ دیده را به آن فضا که کرانه‌ای برای آن پیدا نیست، جولان بدهیم؛ یا سر فرود آورده و به نقطهٔ بسیار کوچکی از خاک و شن و برگ درخت و قطرهٔ آبی خیره شویم. ممکن است تنها دست‌ها را از قعر چاه طبیعت برآورده و به سوی آسمان باز کنیم. شاید تنها یک انگشت به سوی بالا حرکت بدهیم، یا به حرکتِ جزئیِ سر قناعت کنیم، و ممکن است که فقط به روی هم گذاشتن پلک اکتفا کنیم ... ولی در همه حال، یک هدف بیش‌تر نداریم، و آن این است که:

خداوندا! مرغی ناچیز و محبوس در قفس جسم، برای حرکت به پیشگاه تو، بال‌های ظریفش لرزیدن گرفته است. نه برای این که از قفس تن پرواز کند و در جهانِ پهناورِ هستی بال و پر گشاید، زیرا زمین و آسمان با آن همه پهناوری، جز قفسی بزرگ‌تر برای این پرندهٔ شیدا نیست. او می‌خواهد و می‌نالد تا آغوشِ بارگاهِ بی‌نهایتِ خود را در همین هستی که تجلّی‌گاهِ

۱ـ همان.

عظمتِ جلال و جمال توست، باز کنی و او را به سوی خودت بخوانی. این چشم نیاز را که به سویت دوخته‌ام، تو به من عنایت فرموده‌ای. این بال ظریف، ساختهٔ دستِ توانای توست.

این پاره‌گوشت رنگین که قلبش نامیده‌ایم، تو به من ارزانی داشته‌ای. بارالها! این قلب را که تو به من عنایت نموده‌ای، با این که هزاران تمایلات گوناگون و آرمان‌های متنوّع بر آن عرضه می‌شوند، نمی‌توانند آن را ارضا کنند. ای صیقلی‌دهندهٔ دل‌های آدمیان، تو خود می‌دانی این آیینه که پرداختهٔ دست توست، هوای فروغِ جمالِ تو را دارد. آشنایی این آیینه با جمالِ ربوبیِ تو، به آغاز وجودش که از لطف تو سرچشمه گرفته است، منتهی می‌شود. این است که دل از دوری و مهجوری تو، بی‌نهایت رنج می‌بَرَد:

هر کسی کاو دور ماند از اصلِ خویش　　باز جوید روزگارِ وصلِ خویش[1]

در همهٔ اوقات و همهٔ لحظات زندگی، نیایش برای ما امکان‌پذیر است، زیرا همیشه روزنه‌هایی از دیوارهای این کیهان کهنسال به سوی بی‌نهایت باز است و ما از رصدگاه این کالبد خاکی همواره می‌توانیم آن سوی جهان را نظاره کنیم، ولی سرود نیایشی که از اعماق جان برمی‌آید، به احساسِ خاموشیِ مطلق در جهان طبیعت، شور و اشتیاقی دارد؛ شاید روح انسانی در خاموشی مطلق، راز دیگری درمی‌یابد. برای همین است که نیایش شبانگاهی لذّت وصف‌ناپذیری دارد. گاهی هیجان روحانی ما هر گونه احساس لذّت را زیر پا می‌نهد و به فراتر از لذّت گام گذاشته و به مقام ابتهاج که در ذات روح ما نهفته است، نایل می‌شویم.

شاید در آن هنگام که تاریکی مطلق، فضای پیرامون ما را در بر

۱ـ همان.

می‌گیرد: **راد خورشیدی ما از دل شب می‌گذرد.**

همهٔ توهّمات و تخیّلات روزانه در ساعات تاریک شب، بی‌پایگی خود را نشان داده و از صفحهٔ روح زایل شده، بهترین واحدهای ناخودآگاهِ ما در قلمرو روح به جریان می‌افتند. در نتیجه، جهان هستی بدون دست‌خوردگی از تخیّلات و توهّماتِ بی‌پایهٔ ما، در آیینهٔ روح منعکس می‌شود. شاید هم رنگ زیبای لاجوردین که در فراتر از تاریکی فضای کرهٔ زمین نمایان می‌شود، رمزی است برای پایانِ تاریکیِ جهان که به سپیده‌دمِ آن سوی جهان که خارج از درکِ کمّی و کیفیِ ماست، کشیده می‌شود.

از آغاز حیات انسانی تاکنون، نیایش‌هایی گوناگون از این خاکدان به سوی ملکوت الهی برخاسته و حکمتِ ربّانیِ وجود را در ذهن نیایشگر تحقّق بخشیده است.

در امتدادِ زمانِ بی‌کرانه، چه زورق‌ها و کشتی‌هایی که در گرداب‌های هولناک دریاها، اختیار از دست دریانوردان گرفته، از هیچ طرفی صدای نجات به گوش آنان نرسیده و به یکباره دست از جان شسته و خود را به دامانِ امواجِ سهمگینِ دریا سپرده‌اند. اینک، همه چیز فراموش شده و زنگار آلودگی‌ها با دست محبّت و رحمت خداوندی از درون آن تلاشگرانِ مرزهای زندگی و مرگ زدوده شده است. آن به خدا پیوستگان، لحظه‌ای که سر به زیر آب دارند، نیایشی بی‌زبان و لحظه‌ای دیگر که موج‌های خروشندهٔ دریا، اندک مهلتی به آنان می‌دهد و سر از آب بیرون می‌آورند، نیایشِ «ای خدا» بر زبان دارند، که چه بسا حروف مزبور به آخر نرسیده، مهلت پایان می‌یابد، و نیایش، نیمی بی‌زبان و نیم دیگر با حرکت زبان ختم می‌شود. آنان با چنین نیایشی، مسافت زمین و آسمان را در یک لحظه پیموده، یا نجاتی نصیب آن‌ها می‌شود و یا تلخی جان کندن را فراموش می‌کنند، و ناله‌ها و نیایش‌های آنان را کف‌های امواج خروشان دریا برای مادران و

همسران و فرزندان آنان که در ساحل دریا بر آن امواج چشم دوخته‌اند، می‌آورند. اینان نیز آخرین ناله‌ها و نیایش‌ها را که نغمهٔ تسلیم به سرنوشت را دارد، با نسیم دریایی بدرقهٔ جانِ آن غرق‌شدگان می‌فرستند.

گمشدگان بیابان‌های بی‌کران که غیر از آسمان لاجوردین و قطعه‌های متراکم ابر و طنین بادهای متراکم، یاوری نمی‌بینند، اضطراب آنان را کسی به آرامش مبدّل نمی‌کند و کسی نومیدی آنان را مبدّل به امید نمی‌نماید. آنان نیز پناهگاهی غیر از نیایش نداشته و رو به سوی خالق بیابان‌ها و آسمان بی‌کران نموده، تلخیِ غربتِ خود را فراموش می‌کنند و شیرینی وطن را در ذائقهٔ خود درمی‌یابند.

بیماران در شکنجهٔ دردهای جان‌گزا، از کارآیی هر گونه طبیبِ معالج، امید خود را قطع می‌کنند و ناله‌ها سر داده و تلاش‌ها می‌کنند و برای بازگرداندن بهبودی خود به همه چیز پناه می‌برند، تا آن‌گاه که نور خدا بر دل‌های آنان درخشیدن گرفته و با گفتن «آه، ای خدای مهربان!» دست قدرت بر جان آنان کشیده شده و با آن بیماری جانسوز، مانند گل می‌شکفند و زمزمه‌ها می‌کنند که:

به حلاوت بخورم زهر که شاهد ساقی است
به ارادت بکشم درد که درمان هم از اوست

سعدی

عزیزان بر بالین بیمار خود می‌نشینند؛ بیماری که تنها ثمرهٔ زندگی آنان بوده و با از دست دادن آن شکوفهٔ باطراوت، بهارِ زندگیِ خود را دستخوش خزان می‌بینند و قطراتِ اشکِ چشمانِ آنان بر رخسارهٔ زرد بیمار سرازیر می‌شود. بیمار هم‌چنان مشغول گلاویزی با عقاب تیزچنگال مرگ است و محبّت و نالهٔ آنان را جوابی نمی‌دهد.

آنان چشم‌های پر از اشک خود را به سوی بارگاه عنایت خداوندی خیره ساخته و با گفتن: «ای خدای زندگی و مرگ، مهربان خداوندا!» خود را تسلیم مشیّت او می‌نمایند.

متفکّران و نوابغ بزرگ که شناخت انسان و جهان برای آن‌ها با اهمیّت تلقی شده است، آن‌گاه که به ناتوانی خود از درک اسرار هستی و عظمت آن پی می‌برند، نیایشی با خدای خود دارند:

رَبَّنَا مَا خَلَقْتَ هَذَا بَاطِلاً سُبْحَانَکَ فَقِنَا عَذَابَ ٱلنَّارِ.[1]

خداوندا ! ای پرورش‌دهندهٔ ما، ای خدای بزرگ! به یقین می‌دانیم که این جهان باعظمت را بیهوده نیافریدی و حکمتی بزرگ آن را به وجود آورده است. پاک و منزّه هستی؛ پس ما را از عذاب آتش حفظ کن.

گروه دیگری را می‌شناسیم که آنان نه برای برآوردن نیازمندی‌های مادّی در زندگی خود، بلکه برای این که موقعیّتِ وجودیِ خود را کاملاً تشخیص داده و از آن بهره‌مند شوند، به سوی او روی می‌آورند و به درگاه با عظمتش نیایش می‌کنند. اینان بزرگ‌ترین افراد انسانی هستند که معنای نیایش را می‌فهمند و بیش‌ترین بهره‌برداری را از آن می‌نمایند. از آن طرف، عدّه‌ای دیگر هستند که نیایش سراپای اندیشه‌ها، تخیّلات، عمل، اراده، و تمامی اندوه و لذت‌های مادی آنان را تحت‌الشّعاع قرار داده است.

آن‌ها این زمزمه را سر می‌دهند:

به جهان خرّم از آنم که جهان خرّم از اوست
عاشقم بر همه عالَم که همه عالَم از اوست

سعدی

اینان نیایش را وسیلهٔ فرار از قانون علّت و معلول، و گریز از نظم و

۱ـ سورهٔ آل عمران، آیهٔ ۱۹۱.

ترتیب در جهان هستی قرار نمی‌دهند و چون متوجه شده‌اند که خداوند بزرگ، این جهانِ با عظمت را برای کوشش و حرکت و تلاش آفریده است، خود را از نظام هستی کنار نمی‌کشند و بهترین تلاش را برای زندگی مادّی و معنوی انجام داده، سرود شبانه‌روزی آنان این است که:

ما زنده از آنیم که آرام نگیریم موجیم که آسودگی ما عدم ماست

اقبال لاهوری

مضامین دعای آنان همیشه با جملهٔ زیر هماهنگ است:

وَ أَنْ لَیْسَ لِلإِنْسَانِ إِلاَّ مَا سَعَی وَ أَنَّ سَعْیَهُ سَوْفَ یُرَی.[۱]

آن‌چه که برای انسان است، کوشش‌های اوست و او نتیجهٔ کوشش‌های خود را به طور حتم خواهد دید.

باز آن‌گاه که به خود می‌آیند، می‌بینند که تمام اجزاء و روابطِ کالبدِ مادّی و پدیده‌های روانی آن‌ها در تلاش دائمی هستند. هم‌چنین، نوساناتِ درونیِ خود را که به طور دائمی مشاهده می‌کنند، برای آنان ثابت می‌شود که در زندگی چیزی مهم‌تر از کوشش و فعالیّت برای زندگی مادّی و روحی وجود ندارد. حتی کسانی هم که عمری را با سکوت می‌گذرانند، با اندیشه‌های درونی خود در حقیقت‌جویی، به شرط آن که دور خود طواف نکنند، در حال نیایش به سر می‌برند:

بر لبش قفل است و در دل رازها لب خموش و دل پر از آوازها

عارفان که جام حق نوشیده‌اند رازها دانسته و پوشیده‌اند

هر که را اسرار حق آموختند مُهر کردند و دهانش دوختند[۲]

در این مورد توجه داشته باشیم که ناتوانی از اظهارِ اسرارِ نهانی، غیر از

۱ـ سورهٔ نجم، آیات ۳۹ و ۴۰.

۲ـ مثنوی معنوی، دفتر پنجم.

نیایش قلبی و نیایش لفظی است که قابل ابراز است و برای تأکید آگاهی به معنای دعا باید با تلفظ ابراز شود.

نیایش صورت دیگری هم دارد که نیاز به آگاه ساختن نیایشگر دارد. این‌گونه نیایش عبارت است از اندیشه‌هایی که در مغز آدمی به گرداب افتاده، ولی در عین حال، راهی را به سوی رهایی از آن پیچیدگی می‌جوید.

مغزهایی کز پریشانی به خود پیچیده‌اند
گِـردبادِ دامـنِ پـاکِ بـیابانِ تـوانَـد

صائب تبریزی

گاهی دیگر، مغز آدمی از فعالیّت نتیجه‌بخش می‌ایستد و مجهولی که برای حلّ آن می‌کوشد، همچنان به تحریک خود ادامه می‌دهد. در این مورد، هیچ چاره‌ای جز ذکری که بتواند مغز آدمی را به فعالیتِ منتج وادارد، وجود ندارد:

ایـن قـدر گـفتیم، بـاقی فکر کـن — فکـر اگـر جـامد بود، رَو ذکـر کـن
ذکـــر آرَد فکـــر را در اهـــتزاز — ذکر را خورشیدِ ایـن افسـرده ساز[1]

پس نیایش برای انسان‌ها اهداف متعدّدی در بر دارد:

۱ـ این که: خداوندا! من برای تکامل مادّی و معنوی که در این دوران زندگی آماده شده‌ام، برای من آگاهی عطا فرما تا بتوانم علل محاسبه‌نشده را که از هر سو به طرف من سرازیر می‌شوند، محاسبه نموده و هر اندازه بتوانم، موانع را از پیش پا بردارم و مقتضیات را انجام دهم. اگر هم نتوانم از عهدهٔ محاسبهٔ علل ناشناخته برآیم، عنایتی فرما و تسلیم به مشیّت را چراغ راهم قرار بده تا در زندگی خلأی احساس نکنم.

۱ـ مثنوی معنوی، دفتر ششم.

۲ـ نیرو گرفتن از ماورای طبیعت و بهره‌برداری از آن در برآورده شدن نیازهای مادّی و معنوی.

۳ـ تماسّ بی‌نهایت کوچک با بی‌نهایت بزرگ که نهایت آمال و ایده‌آل بشری است. با این تماس است که جهان درونی و برونی و جهان مادّی و معنوی هماهنگ می‌شوند و هستیِ آدمی، معنای حقیقیِ خود را برای انسان آشکار می‌کند.

۴ـ تحصیل آرامش روحی در هنگام اضطرابات مختلف

۵ ـ به دست آوردن نیرو برای کوشش‌های بامحتوا

ساده‌لوحان می‌گویند: ما بدون این که در زندگی حالت گرایش و نیایشی داشته و خود را با بی‌نهایت مواجه کنیم، می‌توانیم زندگی لذّت‌بخش داشته باشیم!

آری، لذّت‌های طبیعی را آرمان تلقّی کردن، همان اندازه قابل دفاع است که لذّتِ موادّ مخدّر برای معتادان به آن مواد! فراموش نکنیم کسانی هم که به موادّ مخدّر اعتیاد دارند، در موقع استفاده از این مواد، در دنیایی از لذّت غوطه‌ور می‌شوند! کسانی که بنا به نیرومندی و داشتن قدرت، از وسایل پیروزی بر دیگران برخوردارند، از مستیِ بَرده ساختن دیگران و زیر پا گذاشتن هر گونه حقوق و اصول انسانی، بهترین سعادت زندگی و لذّت را می‌چشند! آیا مقصود شما این قبیل لذایذ است؟ چه هدف ناچیزی!

اگر لازم باشد انسان‌هایی در روی زمین زندگی کنند؛ اگر ضرورتی اقتضا کند این انسان‌ها مانند یک وسیلهٔ موسیقی نباشند که هرگز به خودیِ خود صدایی ندارد و باید دیگران آن را به صدا درآورند؛ یعنی اگر بنا بگذاریم که انسان‌ها باید «شخصیّت» داشته و با آن حقیقت زندگی کنند، منطق صریح می‌گوید که باید آنان ایده‌آلی برای خود تعیین نمایند.

اگر هدف سوم (قرار گرفتن انسان در جاذبیّت کمال مطلق)، رهبرِ زندگیِ

انسانی نباشد، هیچ حقیقتی نمی‌تواند برای زندگی او هدف مطلق و واقعی باشد. اگر تعریف زیر برای ایده‌آل زندگی و زندگی ایده‌آل می‌تواند تفسیر معقولی برای حیاتِ زودگذرِ ما باشد، بدون تردید، گرایش و نیایش به خدا مهم‌ترین و اساسی‌ترین عنصر حیات ما خواهد بود.

ایده‌آل زندگی عبارت است از: «آرمان‌های زندگیِ گذران را با حیات تکاملی آبیاری کردن و شکوفا ساختن، و به ثمر رساندن شخصیت انسانی در حرکت به سوی ابدیّت.»

زندگی ایده‌آل عبارت است از: «تکاپویی آگاهانه، و هر یک از مراحل زندگی که در این تکاپو سپری می‌شود، اشتیاق و نیروی حرکت به مرحلهٔ بعدی را می‌افزاید. شخصیّت انسانی رهبر این تکاپوست؛ آن شخصیّتی که ازلیّت سرچشمهٔ آن، این جهانِ معنی‌دار گذرگاهش، و قرار گرفتن در جاذبهٔ کمال مطلق در ابدیّت، مقصدِ نهاییِ آن است؛ آن کمال مطلق که نسیمی از محبّت و جلالش، واقعیّاتِ هستیِ بی‌کران را به تموّج درآورده، چراغی فرا راه پر نشیب و فرازِ تکاملِ مادّه و معنی می‌افروزد.

با این چند هدف که برای نیایش بیان نمودیم، کاملاً روشن می‌شود که امثال عدّه‌ای از ساده‌انگاران در این‌باره چه اشتباه بزرگی کرده‌اند و چه‌قدر انسان را از حقیقتِ خود دور ساخته‌اند. گاه می‌گویند: نظام (سیستم) جهان هستی، نظامی چنان سخت و غیر قابل تبدیل است که هیچ نیرویی نمی‌تواند آن را تغییر دهد؛ پس چگونه نیایش می‌تواند این نظام غیر قابل شکست و انعطاف را مختل کند؟

اینان هنگامی که دربارهٔ این‌گونه مسائل صحبت می‌کنند، مانند این است که به تمام اسرار جهان هستی که نظامی (سیستمی) باز به عوامل فرا طبیعی دارد، از زیربناها گرفته تا روبناها، آگاهند. حتی گاهی دعاوی آن‌ها چنان با عزم و قطع بیان می‌شود که گویی جهان را با دست خود ساخته و

پرداخته‌اند!! مگر جهان هستی عبارت است از یک قطعه سنگ که ما آن را جامد و بی‌روح و بسته فرض نموده و سپس استدلال کنیم که جهانِ ثابت هرگز خلاف قانون خود رفتار نمی‌کند!

اولاً، جهان، یک پارچه سنگ غیر قابل انعطاف نیست که دمِ سردِ ما در آهنِ گرمِ آن اثری نکند و چنان که گفتیم: اگرچه جهان نمایش نظام بسته را دارد، ولی دارای نظامی باز به فرا طبیعت است.[1]

هر لحظه و هر آن، فیض خداوندی بر این جهان هستی ریزش نموده و آن را بر پا می‌دارد. همهٔ بانیان ادیان الهی و همهٔ صاحب نظران علم و فلسفه، همانند «**نیوتن**»ها، «**اینشتین**»ها و امثال این نوابغ که با طبیعت به طور مستقیم سر و کار داشتند، کاملاً تصدیق کردند که لحظهٔ پیشینِ موجوداتِ طبیعی، متکفّل لحظهٔ بعدیِ آن نیست، بلکه هر لحظهٔ موجودات، حالت جدیدتری به خود می‌گیرد، یا ذرات عالم هستی و فیض آن، به طور مستمر در حال سرازیری از حکمت و مشیت ربانی است. این قانونِ همیشگیِ هستی است و جای تردید نیست که حرکت و جنبش و به ظهور رسیدن پدیده‌ها در هر لحظه، بیانِ واقعیِ نظامی (سیستمی) است که در دستگاه هستی حکم‌فرماست و این تازگیِ پدیده‌ها در هر لحظه، نظام جدیدی را که گاهی مشابه و گاه دیگر مغایرِ ترتیبِ پیشین نمایان می‌شود، ایجاد می‌کند. پس ما با نیایش خود، عاملی مانند دیگر عوامل طبیعی در

۱-

چیست نشانیِ آنک، هست جهانی دگر | نو شدن حال‌ها، رفتن این کهنه‌هاست
روز نـو و شـام نـو، بـاغ نـو و دام نـو | هر نَفَس اندیشه نو، نو خوشی و نو غناست
عالم چون آبِ جوست، بسته نماید، ولیک | می‌رود و می‌رسد نو نو، این از کجاست؟
نـو ز کجا می‌رسد، کهنه کجا می‌رود؟ | گـرنه ورای نـظر، عـالم بـی‌منتهاست

دیوان شمس

مقدمه ۲۵

دستگاه منظم هستی ایجاد می‌کنیم.

ثانیاً، نه تنها نیایش در این دنیای کَوْن و فساد می‌تواند تأثیر طبیعی کند، بلکه هر گونه فعالیّتِ روانیِ ما به اندازهٔ خود از حیث کیفیّت و کمیّت دارای اثری است. فعالیّت روانی ما در هنگام نیایشِ صحیح، نیروی بسیاری از ماورای طبیعت می‌گیرد و با آن نیرو در به وجود آوردن نظام جدیدی که کوچک‌ترین امری مخالف جریان هستی در آن دیده نمی‌شود، مشارکت می‌کند. مگر من هنگامی که اراده نموده و اجسام را جا به جا می‌کنم، یا دیگر تغییرات شیمیایی در آن‌ها به وجود می‌آورم، خلاف نظام جهان هستی انجام می‌دهم؟ البته نه. اگرچه هر تغییری که در جهان هستی به وقوع می‌پیوندد، خلاف ترتیب پیشین خواهد بود، ولی با این حال، نظام واقعی هرگز مختل نخواهد شد. از آن طرف، این که گفته می‌شود: چون خداوند به تمام جزئیات و کلّیات آگاه است و تمام پنهانی‌ها و آشکارها را می‌داند، بنابراین، نیایش چه معنایی می‌دهد؟ این سؤال هم نوعی از ساده‌لوحی است، زیرا چنان که گفتیم: ما اراده می‌کنیم و تغییراتی در مواد و صُوَر جهان طبیعت ایجاد می‌کنیم. حال، آیا می‌توان گفت: خداوند که به تمام امور داناست، چرا این تغییرات را که در طبیعت انجام گرفته و به صلاح ماست، خود به خود ایجاد نمی‌کند؟ یا بدون این که ما بخواهیم، گندم را نمی‌رویانَد؟ یا فلان دستگاه ماشینی را که محصول ضروری برای ما تولید می‌نماید، ایجاد نمی‌کند؟ پس چنان که هر گونه تغییرات به نفع انسان یا برای رفع آسیب از او، احتیاج به اراده و کار و کوشش دارد، هم‌چنین، نفوذ به ماورای طبیعت و استمداد از آن نیز احتیاج به کوشش و اراده خواهد داشت، و دانستن خداوند باعث آن نمی‌شود که من از کار خود دست برداشته و بنشینم، بلکه آن‌چه که بر خدا معلوم است، این است که من با فعالیّت درونی و جسمانی باید تلاش کنم.

از طرف دیگر، باید توجه کرد که تمام نیایش‌ها برای ایجاد تغییر در نظام جهان هستی نیست، زیرا تنها نوعی از نیایش است که در چگونگی تماس ما با جهان خارجی تغییری وارد می‌کند. همان‌گونه که گفتیم، عدّه‌ای از گروه تکامل‌یافتهٔ انسان‌ها، نیایش را تنها برای برقراری رابطهٔ میان خود و خداوند انجام می‌دهند. برای اینان حتی سعادت و شقاوت ابدی هم مطرح نیست؛ چنان که رئیس الموحّدین **علی‌بن ابی‌طالب** ﷺ می‌گوید: نه طمع بهشت و نه ترس از دوزخ، او را به نیایش وادار می‌کند، بلکه مقتضای بندگی و عظمتِ خدایی خداوند است که او را وادار به ایجاد ارتباط می‌نماید. در موقع این‌گونه نیایشِ عالی، انسان به بی‌نهایت بودن خود و به بی‌نهایت بودن استعداد و فعالیتِ روانیِ خود پی می‌بَرَد و در ارتباط با بی‌نهایت، بهترین لحظات وجود خود را احساس می‌کند. از این جا معلوم می‌شود آن دسته از نیایش‌هایی که به استجابت نمی‌رسد، نمی‌تواند دلیل بیهوده بودن نیایش باشد، زیرا علاوه بر مطلب مذکور، باید توجه کرد که خودِ کرنش و استمداد و تقاضای مطلوب از بارگاه خداوندی برای آن حالت روانی که انسان را به بی‌نهایت سوق می‌دهد، نوعی از کمال است. **جلال‌الدین محمد مولوی** دربارهٔ عدم استجابت بعضی از نیایش‌ها، مثال زیر را می‌آورد که شخصی مدتی دعا کرد و الله الله گفت و دعایش مستجاب نشد. سپس نیایش را ترک کرد و حضرت **خضر** ﷺ را در خواب دید:

گفت: هین، از ذکر چون وا مانده‌ای؟ — چون پشیمانی از آن کِش خوانده‌ای؟
گفت لبیکم نمی‌آید جواب — زآن همی ترسم که باشم ردّ باب
گفت او را که خدا گفت این به من — که برو با او بگو ای ممتحن
نی که آن اللّهِ تو لبیک ماست؟ — آن نیاز و سوز و دردت پیکِ ماست؟
نی تو را در کار من آورده‌ام؟ — نه که من مشغول ذکرت کرده‌ام؟

حـــیله‌ها و چـــاره‌جویی‌های تـــو　　جـذب مـا بود و گشاد آن پای تو
ترس و عشق تو کمندِ لطفِ ماست　　زیـــر هـر یـاربِ تـو لبـیک‌هاست[1]

صاحب نظری، نیایش به معنای عمومی را به طریق زیر توصیف می‌کند:

نماز! نماز می‌گذارند. برای که؟ برای خدا. نماز گزاردن برای خدا! معنای این کلمه چیست؟ آیا خارج از ما یک لایتناهی وجود دارد؟ آیا این لایتناهی، امری پایدار و لایزال است؟ | آری، | و چون لایتناهی است، ضرورتِ ذاتی اوست. و اگر شامل مادّه نمی‌بود، به همان جا محدود می‌شد و چون لایتناهی است، بالضروره ذی‌شعور است و اگر فاقد شعور می‌بود، به همان جا پایان می‌یافت؛ در صورتی که ما نمی‌توانیم چیزی جز تصور موجودیت به خود نسبت دهیم. آیا این لایتناهی در ما، تصور جوهر و ذات را به وجود می‌آورد؟ به عبارتی دیگر: آیا او همان وجود مطلق نیست که ما وابستهٔ اوییم؟ در آن حال هم که یک لایتناهی خارج از ما وجود دارد، آیا یک لایتناهی نیز در خود ما نیست؟
این لایتناهی‌ها! چه جمع موحش! یکیشان فوق دیگری قرار نمی‌گیرد؟ آیا لایتناهای دوم ـ به اصطلاح ـ زیر دست نخستین نیست؟ آیا آیینهٔ آن، پرتو آن، انعکاس آن و لجّهٔ متحدالمرکز با یک لجّهٔ دیگر نیست؟ آیا این لایتناهای ثانوی نیز ذی‌شعور است؟ آیا فکر می‌کند؟ آیا دوست می‌دارد؟ آیا می‌خواهد؟ اگر هر دو لایتناهی ذی شعورند، پس هر یک از آن دو، اصلی برای خواستن دارد و یک «من» در لایتناهای بالا هست؛ همچنان که یک «من» در لایتناهای پایین وجود دارد، «من» پایینی جان است و «من» بالایی خداست.

در کتاب ***بینوایان*** می‌خوانیم:

لایتناهای پایین را با نیروی تفکر با لایتناهای بالا در تماس نهادن، نماز نامیده

۱ـ مثنوی معنوی، دفتر سوم.

می‌شود.[۱]

پس از این جملات گویا، **هوگو** هم‌مکتبانِ **موریس مترلینگ** را مخاطب ساخته و چنین می‌گوید:

> چیزی را از روح انسانی باز نگیریم. حذف بد است؛ باید اصلاح کرد و تغییر شکل داد.[۲]

آری، نباید از روح انسانی، حسّ گرایش به خدا را حذف کنیم. اگر ما در اصلاح این حس و چگونگی بهره‌برداری از آن تلاش کنیم، گامی مثبت در راه نمودار ساختن ایده‌آل برداشته‌ایم.

منفی‌گویی بسیار آسان است؛ واقعیّات را برای مردمِ عادی مشتبه ساختن، احتیاج به تلاشِ فکریِ بسیار ندارد. عظمتِ شخصیّتِ یک اندیشمند در آن است که بیاموزد؛ علم و فلسفه را فرا گیرد و به آن قناعت نورزد که مطالبی را به طور نسبی می‌داند، و به آن دلخوش نکند که شهرتی بی‌اساس و بی‌پایه، نام او را در کتاب‌ها و مجلّات به رخِ مردمِ بی‌خبر از علم و فلسفه و عرفان بکشد. بکوشیم برای زندگی بشری هدفی نشان دهیم و همگی مساعی خود را در راه اثبات ایده‌آل به زندگی بشری به کار بیندازیم.

تاریخ طولانی انسانی و ملاحظهٔ وضع روانی آن‌ها، حذف گرایش و نیایش به خدا را به طور جدّی تکذیب می‌کند. آدمیان از هر صنف و طبقه‌ای که باشند، کاملاً احساس کرده‌اند که خور و خواب و شهوتِ چند روزِ گذران، تشنگیِ روانیِ آنان را به کمال و ایده‌آل زندگی اشباع نمی‌کند.

در نامه‌ای که **فردریک مایزر** به یکی از دوستان خود نوشته است، می‌گوید:

۱ـ بینوایان، ویکتور هوگو / ۶۷۲، ترجمهٔ حسینعلی مستعان، چاپ نهم.
۲ـ همان.

بسیار خوشحالم که عقیدهٔ مرا دربارهٔ دعا پرسیده‌اید، زیرا من در این موضوع عقیدهٔ محکم و تردیدناپذیر دارم. نخست ببینیم واقعیات در این موضوع کدامند؟ در پیرامون ما جهان معنوی وجود دارد که ارتباط بسیار نزدیکی با جهان مادی دارد. از اوّلی، یعنی جهان معنوی، نیرویی فیضان دارد که دومی یعنی عالم مادّه را نگهداری می‌کند و این همان نیرویی است که روح ما را زنده نگه می‌دارد. معنویات از آن جا برقرار است که سیّاله‌ای لاینقطع از این نیرو در ما وارد می‌شود. شدت این سیالهٔ معنوی، مدام متغیر است؛ درست مانند نیروی غذایی و مادی که در بدن ما وارد می‌شود، متغیر است.[۱]

اما عقیدهٔ **ویلیام جیمز** این است:

اگرچه من نمی‌توانم عقیدهٔ مردم عادیِ مسیحی را بپذیرم و یا الوهیّتی را که دانشمندان طریقهٔ اسکولاستیک در قرون وسطی دفاع می‌کردند، قبول کنم، اما خود را جزو فلاسفهٔ ماوراءالطبیعهٔ خشن می‌دانم. در حقیقت، من معتقدم که در اثر ارتباط با عالم غیب، نیروی جدیدی در این ارتباط حاصل شده و حوادث جدیدی را باعث می‌شود. دستهٔ فلاسفهٔ ظریف به نظر من بسیار زود تسلیم حکم‌فرمایی طبیعت شده‌اند. این فلسفه، امور طبیعی را دربست و بدون این که دربارهٔ ارزش آن رسیدگی کند، قبول می‌نماید.[۲]

نویسنده در همان کتاب می‌گوید:

... آدمی در این حال حس می‌کند که نیرویی وارد بدن او می‌شود؛ درست مثل این که در آفتاب که می‌نشینیم، گرمای آن را احساس می‌کنیم. از این نیرو می‌توان به طور مؤثر استفاده کرد؛ عیناً مانند این که از اشعهٔ خورشید برای آتش زدن قطعهٔ چوبی، از ذرّه‌بین استفاده می‌کنیم.[۳]

۱ـ دین و روان (ترجمهٔ انواعی از تجربه‌های دینی).
۲ـ همان، ۱۵۷.   ۳ـ همان، ۲۰۴.

خداوندِ مهربان، با عنایات بی‌چونش گام‌های ما را به عرفات رسانده است.

این جا عرفات است. آخرین ساعات روز عرفه است. نقطه‌ای از زمین به نام صحرای عرفات در مقابل میلیاردها کهکشان و ستارگانِ بی‌حدّ و بی‌شمار گسترده شده است. آفتاب، آخرین اشعّهٔ خود را بر کوه‌ها و تپّه‌ها و ماهورها و دشت سوزان عرفات می‌افشانَد. در چنین فضایی، صداها و ناله‌های گوناگونی تا دورترین کرات و فضاها طنین می‌اندازد. صفحهٔ جامِ جهان‌نمای طبیعت، از قیافه‌های مختلفی که دل‌ها در تپش و دست‌ها به سوی آسمان دارند، عکس‌برداری می‌کند.

بعضی پیشانی از خاک برمی‌دارند؛ مرواریدهایی از اقیانوس جان بر گونه‌هایشان.

بعضی دیگر به زانو بر زمین می‌افتند؛ بارقهٔ ربوبی در دل‌ها و کلمهٔ بارالٰها بر لبانشان.

گروهی دیگر، با لباس‌های خاک‌آلود و موهای ژولیده و چشمان گود رفته، ولی شعله‌های ربّانی در دیدگانشان.

بیابان عرفات، هم‌چون رصدگاهی است که به سمت بی‌نهایت نصب شده و نیایشگران با دوربین‌های مختلفی، آن بی‌نهایت را مورد نظاره قرار داده‌اند.

در نقطه‌ای از این صحرای ملکوتی، شخصی در دامنهٔ کوهی به حالت نیایش درآمده، دل در ملکوت، دست‌ها به سوی آسمان، چشم به آفاق بی‌کران، گاهی تبسّمی از ابتهاج بر لبانش و گاهی دانه‌هایی از اشک شوق در چشمانش حلقه زده است. او تمام جهان را به یک سو نهاده، یا به عبارتی دیگر: تمام جهان هستی را به یکباره و به عنوان یک واحد، پیشِ چشم و دل گسترده و بی‌نهایت پایینی را با بی‌نهایت بالا به واسطهٔ دلِ پاک در تماس نهاده است. این شخص که نیایش می‌کند، کیست؟

او فرزند **علی‌بن ابی‌طالب** علیه‌السلام گویندهٔ این جمله است:

ما رَأَيْتُ شَيْئاً إلاّ وَ رَأَيْتُ اَللّهَ قَبْلَهُ وَ بَعْدَهُ وَ مَعَهُ.

ندیدم چیزی را، مگر این که خدا را پیش از آن و بعد از آن و با آن دیده‌ام.

این شخص، سالکِ راهِ حق و حقیقت و عاشقِ راستینِ وجه‌اللّه و رضوان‌اللّه و لقاءاللّه، **حسین‌بن علی** علیه‌السلام است. این است آن کاروان سالارِ شهیدانِ اصولِ انسانی و ارزش‌های والای عالمِ وجود.

او در این نیایش، راه‌های اتّصال به اشعهٔ ملکوتی را در ارتباطات چهارگانه (ارتباط انسان با خویشتن، با خدا، با جهان هستی و با هم‌نوع خود) برای بشریّت بیان می‌کند. او در این نیایشِ زیبا، علاوه بر شکوفایی وصال، از عالَم اعلای ربوبی می‌گیرد و به این موجودات که در عین خاک‌نشینی می‌توانند با عالم پاک از مادّه و مادّیات ارتباط برقرار کنند، تحویل می‌دهد. او در عین حال، با این نیایش، منطقی‌ترین و واقعی‌ترین رابطهٔ انسان را با خداوند مهربان توضیح می‌دهد.

آری، این نیایش‌کننده، حسین‌بن علی علیه‌السلام است.

پایان مقدمه

بسم الله الرحمن الرحیم

نیایش امام حسین ﷺ در صحرای عرفات

مرحوم **محدث قمی** در **مفاتیح** آورده است که: بشر و بشیر فرزندان غالب **اسدی** نقل کرده‌اند که در آخرین ساعات روز عرفه در عرفات، در خدمت امام حسین ﷺ بودیم که آن حضرت با جمعی از خاندان، فرزندان و شیعیان از چادر بیرون آمدند و با نهایت خضوع و خشوع در طرف چپ کوه ایستادند و روی مبارک را به طرف کعبه گردانده، دست‌ها را تا مقابل رو برداشتند و این دعا را خواندند:[1]

۱ـ أَلْحَمْدُ للهِ الَّذي لَيْسَ لِقَضائِهِ دافِعٌ وَلا لِعَطائِهِ مانِعٌ.

سپاس مر خداوندی راست که هیچ قدرتی نتواند فرمان نافذش را دفع کند و از عطایش جلوگیری نماید.[2]

آن کدام قدرت است که بتواند در برابر قضای الهی عرض وجود کند، در

۱ـ اگرچه بعضی از محدّثین بزرگوار، یقین به سند این نیایش ندارند، ولی بر مبنای اصل معروف: دلالته تغنی عن السّند، گاهی مفهوم و محتوای حدیث به اندازه‌ای با عظمت و مطابق اصول است که از سند بی‌نیاز بوده و احتیاجی به آن ندارد. بدیهی است که نظیر مضامین این نیایش در عالی‌ترین درجهٔ حکمت و عرفان اسلامی را جز انبیاءِ عظام و ائمهٔ معصومین ﷺ نمی‌توانند بیان کنند.

۲ـ ارتباط همهٔ اجزاء و شئون جهان هستی با یکدیگر، حقیقتی است علمی و قابل شهود که در قلمرو حکمت و عرفان به شکل زیبا تجلّی نموده است. شیخ محمود شبستری می‌گوید:

اگر یک ذرّه را برگیری از جای   خلل یابد همه عالم سراپای

حالی که خود جزئی از قضای الهی است! آن کدام اراده است که بتواند در مقابل ارادهٔ خداوندی خود را بنمایانَد، در صورتی که وجود آن اراده از نتایج ارادهٔ خداوندی است!

۲ـ وَلا کَصُنْعِهِ صُنْعُ صانِعٍ.

[ستایش خداوندی راست که] هیچ سازنده‌ای نتواند مانند صُنع کامل او به وجود آورد.

چگونه ممکن است مشابه صنعتِ خداوندِ خلّاق پدید آورد، در صورتی که هیچ سازنده‌ای نمی‌تواند ذرّه‌ای را از نیستی به عرصهٔ هستی وارد کند و بر همهٔ امکانات و استعدادها و ماهیّتِ اجزای صنعِ خودِ جهان و بر استفاده از همهٔ آن‌ها توانا باشد!

۳ـ وَهُوَ الْجَوادُ الْواسِعُ.

اوست بخشندهٔ نعمت‌های بی‌کران.

خداوندا! نعمت عُظمای نعمت‌شناسی را نصیب ما فرما؛ آن‌گاه از رحمتِ بی‌کرانِ ربوبیِ خود، ما را از آن بینایی برخوردار فرما که وابستگی هر نعمتی را به همهٔ اجزای جهان هستی، چه آشکارا و چه پنهان درک نموده، طعم غوطه‌ور شدن در نعمت‌های وجود را بچشیم و معنای «وَ إِنْ تَعُدُّوا نِعْمَةَ اَللّٰهِ لاَ تُحْصُوهَا»[1] را از اعماق جان دریابیم.

۴ـ فَطَرَ أَجْناسَ الْبَدائعِ وَأَتْقَنَ بِحِكْمَتِهِ الصَّنائعَ.

ابداع‌کنندهٔ همهٔ موجودات، بی‌سابقهٔ هستی، و تنظیم‌کنندهٔ همهٔ مصنوعات با حکمت عالیه‌اش.

۱ـ و اگر بخواهید نعمت خداوندی را بشمارید، نخواهید توانست. [سورهٔ ابراهیم، آیهٔ ۳۴]

چه آسان است درک ابداع برای آن انسانی که توفیق تماشا و مطالعهٔ درون خویشتن نصیبش شده و دریافته است که هیچ انعکاس پدیده و عمل ذهنی و روانی، دامنهٔ یک پدیده و عمل پیشین در درون آدمی نیست و در هر لحظهٔ هر عمل و انعکاس پدیده در درون او، حقیقتی است نو و شبیه به ابداع است که معلول یک علّت مادّی سابق در درون نیست؛ تنها فاعل می‌خواهد و انگیزه. انسانِ آگاه با یک دقّت مُشرفانه، بهترین نظم و مُتقن‌ترین کیفیّت را در جهان آفرینش شهود می‌کند. این نظم و قانونمندیِ جهانِ هستی است که همهٔ علوم متنوّع و فلسفه‌ها را به وسیلهٔ مغزهای متفکّران به وجود آورده است و هم‌چنان شکوه و جلال با عظمتی را به نمایشگاهِ بزرگِ وجود بخشیده است که اگر اشتغالات گوناگون برای تنظیم ضرورت‌های زندگی مجال می‌داد و انسان همهٔ عمر را به تماشای نظم و شکوه این جهان می‌پرداخت، نه تکراری احساس می‌کرد و نه اشباعی. گفته شده است:

> در دنیا تماشاگهی عظیم وجود دارد که دریا نامیده می‌شود. تماشاگهی باعظمت‌تر از آن وجود دارد که آسمان لاجوردین است. تماشاگهی باعظمت‌تر از این وجود دارد که وجدان آدمی است. ویکتور هوگو

باید به این جمله اضافه کرد که: اگر این تماشا با همکاری همهٔ قوای ذهنی و روانی صورت بگیرد، تا ابد امتداد می‌یابد.

۵ ـ لاتَخْفی عَلَیْهِ الطَّلائِعُ وَلاتَضیعُ عِنْدَهُ الْوَدائِعُ.

هر آن‌چه در این جهان هستی به وجود آید و پدیدار شود، به آن ذات اقدس پوشیده نماند و هر چیزی که در نزد او به ودیعت نهاده شود، ضایع نشود.

جهان آفرینش که مستند به قدرت و علم و اختیار خداوندی است، چیزی را از او پوشیده نمی‌دارد. هر آن‌چه که به عنوان حجاب برای پوشش

چیزی فرض شود، مخلوق و مورد علم خداوندی است. او محیط بر همهٔ اشیاء و مُشرِف بر همهٔ ذرّات و روابط مخلوقات با یکدیگر است. مگر نه این است که او خالق همهٔ هستی است و سرنوشت همهٔ آن‌ها به دست اوست؟

امانت‌ها هر چه باشد، در نزد او ضایع نشود و تباه نگردد، زیرا نه به حقیقت و ارزش آن‌ها جاهل است و نه نیازی به آن‌ها دارد و نه قدرتی یارای دستبرد به آن‌ها را دارد.

۶ـ جازي كُلِّ صانِعٍ وَرائِشُ كُلِّ قانِعٍ وَراحِمُ كُلِّ ضارِعٍ.

اوست پاداش‌دهندهٔ هر کس که عملی انجام دهد و افزاینده و اصلاح‌کنندهٔ هر کسی که قناعت ورزد، و اوست که به حال هر زاری‌کننده‌ای ترحّم نماید.

حکمت بالغهٔ خداوندی در نظام وجود چنین است که هیچ عملی بی‌پاداش نمانَد و هیچ مقدّمه‌ای بدون نتیجه گام به عرصهٔ وجود نگذارد. این است آن اصل اساسی که همهٔ کتب آسمانی به آن هشدار می‌دهند و همهٔ عقول و فرهنگ‌های متنوّع و پیشروِ اقوام و مللِ بیدار، به جریان آن در نظم هستی اعتراف می‌کنند. او خداوندی است که قناعت‌پیشه‌گان را از فقر و اختلال معیشت نجات می‌دهد و ترحّم و عنایت خود را شاملِ حالِ ناله و تضرّع‌کنندگان می‌فرماید.

۷ـ وَمُنْزِلُ الْمَنافِعِ وَالْكِتابِ الْجامِعِ بِالنُّورِ السّاطِعِ.

نازل‌کنندهٔ منافع و کتابِ جامع «قرآن» با نوری درخشان.

اوست ایجادکنندهٔ منافع و هر آن‌چه که به حال بشری سودمند باشد. هم اوست که قرآن مجید را برای هدایت مردم و بیرون آوردن آنان از تاریکی‌های جهالت و تیره‌روزی‌ها و قرار دادن آنان در معرض تابش انوار هدایت فرستاد؛ کتابی که بیان‌کنندهٔ دردهای بشری و درمان آن‌هاست و

روشنگر راه‌های رشد و کمال، نجات‌بخشِ انسان‌ها از زندان‌های مادّه و مادّیات، بال و پر دهنده برای پرواز به عالَم ملکوت و آگاهی‌بخشِ هر انسانِ آگاهی‌طلب.

۸ ـ وَهُوَ لِلدَّعَواتِ سامِعٌ وَلِلْكُرُباتِ دافِعٌ وَلِلدَّرَجاتِ رافِعٌ وَلِلْجَبابِرَةِ قامِعٌ.

اوست شنوندهٔ نیایش‌ها و دفع‌کنندهٔ مشقّت‌ها و اعتلادهندهٔ درجه‌ها و نابود کنندهٔ ریشه‌های جبّاران. خداوندی که امواج دعاهای سرنکشیده برای او معلوم است، چه رسد به این که دریای درون به تموّج درآید و از دهان سربکشد و راهیِ پیشگاهِ الهی شود.

ای خدای من!:

هم رازِ دلِ نگفته دانی　　　هم نامهٔ نانوشته خوانی

نظامی گنجوی

زمزمهٔ ضعیفِ گوشه‌نشینانِ عمیق‌ترین درّه‌های این کرهٔ خاکی همان‌گونه برمی‌خیزد و سر به بارگاهت می‌کشد که فریاد صعودکنندگان بر مرتفع‌ترین قلّه‌های کیهان بزرگ.

خداوندا! تویی برطرف‌کنندهٔ مصائب و ناگواری‌ها و بخشندهٔ صبر و تحمّل در هنگام هجوم سخت‌ترین بلاها و مشقّت‌ها.

ای پروردگار من، ای ترفیع‌دهندهٔ درجاتِ پویندگانِ راهِ حقّ و حقیقت:

ای سرمه‌کش بلندبینان　　　در باز کنِ درون نشینان
ای عقلِ مرا کفایت از تو　　　جُستن ز من و هدایت از تو

نظامی گنجوی

دستِ ما ناتوانانِ گلاویز با مادّه و مادّیات را با توانائیِ مطلقِ خود بگیر و

در حرکت به سوی هدف اعلای حیات، ما را یاری فرما. ای خداوندِ واحدِ قهّار! وجودِ جبّارانِ خودکامه را در صفحهٔ روزگار از ریشه برانداز. تو خود می‌دانی که ظلم و تجاوزِ این نابکارانِ از خدا بی‌خبر، چه پرده‌های تاریکی بر روی اصول و ارزش‌های والای انسانی می‌کشد و انسان‌ها را از بهره‌برداری از آن نعمتِ کمال‌بخشِ الهی محروم می‌نماید. این ستم‌پیشگان هستند که صفحات سفید تاریخ را با شمشیر خود رنگین می‌سازند و آن‌گاه درجهٔ قهرمانی بر دوش خود نصب می‌کنند. روزها، ماه‌ها، سال‌ها و قرن‌ها، هم‌چنان یکی پس از دیگری از راه می‌رسند و به گذشته می‌خزند، در حالی که در اثر کشتارها، تا مدت‌ها بوی لاشه‌های انباشته‌شده و خون‌های ریخته شده در میدان‌های جنگ، حتی در کوچه‌ها و پس کوچه‌ها و بیغوله‌ها که ناتوانان برای نجات دادن زندگی خود از دست خون‌آشامان به آن جا پناه برده‌اند، هم‌چنان مشام فرشتگان ملکوتی و بندگانِ وارستهٔ تو را آزار می‌دهد و چهرهٔ نورانی حیات را برای آنان تیره و تار می‌سازد.

پروردگارا! تا آن جا که حکمت ربّانی تو اقتضا کند، با عطوفت و رحمت واسعهٔ خود که بر همهٔ هستی گسترده است، جان‌های پلید و آلودهٔ این بیماران خودپرست را از مهلکه‌ای که در آن افتاده‌اند، نجات بده، و کسانی که در این مهلکه با شکست نهایی روبرو شده‌اند و درون کسانی را که از شیرینی عطوفت و مهر و محبّت آدمیان تهی گشته و با زهرهای کینه و عداوت به بنی‌نوع بشر مالامال شده است، به آتشِ فراقِ خودت بسوزان.

ای منتقمِ حقیقی، ای دادگر مطلق و ای داوری که خود شاهد ظلمِ ظالمان و تجاوزِ تجاوزگران هستی! انتقام مظلومانِ مستضعف را از آن ستمکاران خون‌آشام بگیر و بر دل‌های رنج‌دیدگانی که از آتش ظالمان شعله‌ور است، آبی از دریای رحمت خود بپاش و با نسیمِ مِهر خداوندی‌ات،

ارواح آن دلسوختگان را بنواز.

۹ـ فَلا إلهَ غَيْرُهُ وَلا شَيْءَ يَعْدِلُهُ وَلَيْسَ كَمِثْلِهِ شَيْءٌ وَهُوَ السَّميعُ الْبَصيرُ اللَّطيفُ الْخَبيرُ وَهُوَ عَلى كُلِّ شَيْءٍ قَديرٌ.

خدایی جز او نیست و هیچ چیزی معادل و همانند او نمی‌باشد. و اوست شنوندهٔ همهٔ صداها و بینندهٔ همهٔ اشیاء، و لطیف و آگاه از همهٔ واقعیّات و توانا بر همهٔ اشیاء.

خداوندا! به هر چیز و به هر کجا که می‌نگریم و هر حقیقتی را که در ذهن ما انسان‌ها مطابق اصول هستی پدیدار می‌شود، چنان نظم و انسجامی در آن‌ها می‌بینیم که وحدتِ حکمت و اراده و صانع آن‌ها را شهود می‌کنیم. این که می‌گوییم:

هر گیاهی که از زمین روید　　　وحده لا شریک له گوید

احساسی بی‌اساس نیست، بلکه بر شهودِ مستقیمِ وحدتِ فعل و فاعل هستی ارتباط دارد که بدون آن، هیچ گونه جهان‌بینی و مکتبِ فلسفیِ منظم، قابل قبول نیست. دیگر این که: فرضِ وجودِ خدایی دیگر مانند او، با توجه به این که هر یک تعیّنِ خاصّ خود را دارد، یکدیگر را محدود می‌کنند. بدیهی است که محدودیت وجودی با مطلق و بی‌نهایت بودن که مختصّ ذاتیِ خداست، سازگار نیست.

با فرض قدرت و علمِ نامتناهیِ خداوندی، هیچ چیزی بیرون از حیطهٔ آگاهی و دانایی او نتواند بود، زیرا چنین تخیّلی مستلزم پندار نفی خداوندی است که نه با حکم عقل سازگار است و نه با دریافت سالم.

۱۰ـ أللّٰهُمَّ إنّي أرْغَبُ إلَيْكَ وَأشْهَدُ بِالرُّبُوبِيَّةِ لَكَ مُقِرًّا بِأنَّكَ رَبّي وَإلَيْكَ مَرَدّي.

خدای من! اشتیاق به شهود جمال و جلالت دارم و به خداوندیِ تو شهادت داده و به ربوبیّت تو اقرار می‌کنم و اعتراف به رجوع به سوی تو می‌نمایم.

کسی که اشتیاق به دیدار تو در نهادش نیست، از هستیِ خود بهره‌ای نخواهد برد. آن کس که میل کشش به بارگاه تو ندارد، هیچ حقیقتی نتواند او را به خود جذب نماید.

جان، بی‌جمال جانان میل جهان ندارد هر کس که این ندارد، حقّا که آن ندارد

حافظ

***

ندهی اگر به او دل، به چه آرمیده باشی؟

نگزینی اَر غم او، چه غمی گزیده باشی؟

نظری نهان بیفکن، مگرَش عیان ببینی

گرَش از جهان نبینی، به‌جهان چه دیده باشی؟

ملّا محسن فیض کاشانی

من از سویدای دل، به خداوند یکتا و بی‌نیازِ مطلق شهادت می‌دهم و در این شهادت، همهٔ ادراکات و مشاعرم یکدیگر را یاری می‌نمایند. هم‌چنان به دوامِ فیضِ تو ای فیّاض مطلق، اقرار می‌کنم، زیرا می‌دانم حتی یک لحظه انقطاعِ فیضِ ربوبیِ تو، جهان هستی را رهسپار نیستی می‌نماید، به طوری که حتی ذرّه‌ای از گَرد آن در صفحهٔ وجود نخواهد ماند، چه رسد به این که موجودی فقیر و ناتوان، با دمی ناچیز از خزانِ قهرِ تو معدوم می‌شود و خبری از هستیِ او نمی‌مانَد. بازگشت نهایی به سوی تو و طومارِ سرنوشتِ نهاییِ همهٔ آدمیان در پیشگاه تو گشاده خواهد شد.

جریانِ قانونیِ حیاتِ ما «... إِنَّا لِلَّهِ وَ إِنَّا إِلَيْهِ رَاجِعُونَ»[۱] (ما همه از آنِ خداییم و به سوی او بازمی‌گردیم) است. مگر نه این است که آن‌چه از بالا شروع شده است، در پایین پایان نمی‌یابد؟

۱۱ـ إِبْتَدَأْتَني بِنِعْمَتِكَ قَبْلَ أَنْ أَكُونَ شَيْئاً مَذْكوراً وَخَلَقْتَني مِنَ التُّرابِ ثُمَّ أَسْكَنْتَني الأَصْلابَ آمِنًا لِرَيْبِ الْمَنُونِ وَاخْتِلافِ الدُّهُورِ وَالسِّنينَ فَلَمْ أَزَلْ ظاعِنًا مِنْ صُلْبٍ إِلى رَحِمٍ في تَقادُمٍ مِنَ الْأَيّامِ الْماضِيَةِ وَالْقُرونِ الْخالِيَةِ.

بارالها ! از نعمت‌های بی‌چون تو بود که خلعت هستی پس از نیستی به من عطا فرمودی. مرا از خاک آفریدی و سپس در منزلگه صلب پدرانم قرار دادی. مراحل نخستینِ وجودم در عرصهٔ طبیعت در امن و امان از حوادثی که مانع از ادامهٔ وجودم بود، در مجرای تحولات روزگاران و گذشت سالیان، سپری می‌شد. هم‌چنان، این حرکت وجودی از اصلاب پدران به ارحام مادران، با پیشرفت ایّام گذشته و قرون و اعصار از بین رفته، ادامه پیدا کرد [تا چشم به این دنیا گشودم.]

هر نعمتی که گسترده و از حیطهٔ اختیار انسان‌ها دورتر باشد، عظمت و ارزش آن نعمت مخفی‌تر می‌شود. نعمت هوا برای تنفّس، نعمت نور آفتاب برای موجودات کرهٔ خاکی از ابعاد گوناگون، برای بیش‌تر مردم، مورد توجه نیست. در عین حال، این حقایق، حیاتی‌ترین عوامل بقای انسان و دیگر جانداران و روییدنی‌ها و غیر آن است.

آری: تو قدر آب چه دانی که در کنار فراتی؟[۲]

ای کاش، امکان داشت که نوع بشر پیش از ورود به اقلیم وجود، نیستی را درک می‌کرد و آن‌گاه معنی و نعمت وجود را درمی‌یافت که:

۱ـ سورهٔ بقره، آیهٔ ۱۵۶.

۲ـ سعدی.

هنگام تنگدستی در عیش کوش و مستی
کاین کیمیای هستی قارون کند گدا را
حافظ

چرا معنی و نعمت هستی برای آن ناآگاهانِ نابخرد، ابهام‌انگیز است؟ زیرا زندگی آنان به بطالت می‌گذرد و تلاش و تکاپو برای آنان ارزشی ندارد و می‌خواهند زندگی مانند یک لیوان شربت بسیار گوارا به حلقومشان ریخته شود. اینان کسانی هستند که محور ارزش‌ها و ضدّ ارزش‌ها را نفس خویشتن می‌دانند. آنان خودمحورانی هستند که بنا به «هدف» تلقّی کردن خویشتن و «وسیله» تلقّی کردن دیگران، نعمت هستی را مختل ساخته‌اند. بنابراین، هرگز به درک و دریافتِ عظمتِ این نعمت الهی توفیق نخواهند یافت. ای کاش، این بینوایان لحظاتی به خود می‌آمدند و به جای زندگی در یک هستیِ تخیّلیِ بی‌اساس، در حیات معقول که از هستیِ حقیقی شکوفا می‌شود، غوطه‌ور می‌شدند.

چه باید کرد که بیش‌تر ما انسان‌ها، حیات را قربانی وسایل حیات می‌کنیم! به جای آن که از آبِ حیاتِ حقیقی سیراب شویم، با دویدن در سرابِ آب‌نمای کف‌های ناپایدارِ زندگیِ حیوانی، از چشیدن نعمت هستی محروم می‌مانیم!

آری عزیزان، برای ما قربانیانِ وسایلِ حیات:

دنیا چو حباب است، ولکن چه حباب
نه بر سر آب، بلکه بر روی سراب
آن هم چه سرابی که ببینند به خواب
آن خواب چه خواب، خوابِ بدمستِ خراب
منسوب به بینوا بدخشانی

بیایید لحظاتی چند، ذهن و دل و جان را از اوهامِ بی‌اساسِ علم‌نما و خواسته‌ها و تمایلاتِ حیاتِ طبیعیِ حیوانی تصفیه کنیم؛ حتی تا آن جا که بتوانیم، «من» خویشتن را هم از دیدگاهِ درونیِ خود برکنار کنیم و جهان هستی را با وحدتی شگفت‌انگیز که دارد، برای تماشا برنهیم. در این لحظات است که شکوه و جمال و جلال هستی، ما را چنان در جاذبهٔ ملکوتی خود فرو خواهد برد که ارواح ما برای پرواز از قفس کالبد بدن، با شدیدترین هیجان به حرکت درخواهد آمد. چرا؟ برای این که هستی، نقاب از چهره برداشته و لحظاتی خود را به ما نشان داده است.

در این حالت، اگر این آگاهی هم برای ما دست بدهد که ما در این هستیِ با شکوه و جمال و جلال، نقطه‌ای بسیار پر معنی و زیبا را اشغال کرده‌ایم، لطف و عظمت ابدیت را دریافت خواهیم کرد.

۱۲ـ لَمْ تُخْرِجْني لِرَأْفَتِكَ بِي وَلُطْفِكَ لي وَإِحْسانِكَ إِلَيَّ في دَوْلَةِ أَئِمَّةِ الْكُفْرِ الَّذينَ نَقَضُوا عَهْدَكَ وَكَذَّبُوا رُسُلَكَ لكِنَّكَ أَخْرَجْتَني لِلَّذي سَبَقَ لي مِنَ الْهُدَى الَّذي لَهُ يَسَّرْتَني وَفيهِ أَنْشَأْتَني.

مهربان خداوندا ! در اعطای نعمت وجود، با لطف و احسانی که بر من فرمودی، آغاز زندگی‌ام را در این نشئهٔ طبیعت در زمانِ ظلمانیِ دولتِ حکمرانانِ کفر که پیمان تو را شکستند و رسولان تو را تکذیب نمودند، قرار ندادی، بلکه مرا در زمانی وارد زندگی در این دنیا نمودی تا توفیق آن هدایت را دریابم که در مشیّت سابقهٔ تو برای من مقرّر و مرا برای رسیدن به آن آماده فرمودی و در دوران نورانی اسلام پرورشم دادی.

بارالها ! چگونه توانم شکر نعمت‌های تو را به جای بیاورم، در حالی که از آغاز وجودم در این دنیا در نعمت غوطه‌ورم نمودی. در آن دوران، صدها هزار انسان می‌توانستند از طلوع خورشید اسلام به وسیلهٔ بعثت محمد

مصطفی ﷺ در حدّ اعلا برخوردار شوند و در بنیان‌گزاری مکتب تکاملی که خداوند به آنان ارزانی فرموده بود، شرکت کنند.

با این که تولّد در آن زمان مبارک، یک پدیدهٔ قانونی مربوط به نظم آفرینش بوده است، ولی چون که همین پدیده از دیدگاه **حسین‌بن علی** ﷺ از عوامل لطف و توفیق الهی برای حرکت در جادهٔ مستقیم تکامل محسوب می‌شود، بنابراین، جای تذکر و شکرگزاری به خداوند متعال است.

بدیهی است که این امتیاز تکوینی، مانند دیگر امتیازاتی که در جملات بعدی خواهیم دید، باعث هیچ گونه اجباری در ادای تکالیف و ایفای حقوق نیست. تاریخ نشان داد که این سرور آزادگان و این پیشتاز شهدای راه اصول و ارزش‌های انسانی، حتی یک لحظه از زندگی خود را در خارج از مسیرِ انجامِ تکالیف و ایفای حقوق سپری نکرد، بلکه همان‌گونه که همهٔ تواریخِ اقوام و ملل اثبات می‌کند، جانِ شریفِ خود را در دفاع از ستمدیدگان بشریّت و حمایت از ارزش‌های والای انسانی با شدیدترین مصائب از دست داد.

۱۳ـ وَمِنْ قَبْلِ ذٰلِكَ رَؤُفْتَ بِي بِجَمِيلِ صُنْعِكَ وَسَوابِغِ نِعَمِكَ فَابْتَدَعْتَ خَلْقِي مِنْ مَنِيٍّ يُمْنىٰ وَأَسْكَنْتَنِي فِي ظُلُماتٍ ثَلاثٍ بَيْنَ لَحْمٍ وَدَمٍ وَجِلْدٍ لَمْ تُشْهِدْنِي خَلْقِي وَلَمْ تَجْعَلْ إِلَيَّ شَيْئاً مِنْ أَمْرِي.

پاک پروردگارا! پیش از آن که چشم به این دنیا باز کنم، مرا به وسیلهٔ صنع زیبا و نعمت‌های فراوانت مورد محبّت قرار دادی. ابتدای آفرینشم را در مجرای طبیعت از قطرات منی ابداع فرمودی و مرا در نهانگاه سه‌گانهٔ گوشت و خون و پوست جنینی [برای مدّتی محدود] ساکن نمودی. خداوندا! مرا به خلقتم گواه نفرمودی و در قرار دادن در نظمِ سلسلهٔ وجودم، اختیاری به من ندادی.

بیش‌تر آدمیان بنا به محدودیت دیدگاه، حقارت امیال و خواسته‌های خود، تنها آن اشیائی را نعمت می‌دانند که لذایذی را جلب و یا ناگواری‌هایی را از آنان دفع نماید. این کوته فکری، ناشی از آن است که انسان‌ها نمی‌خواهند با وسعت بخشیدن به دیدگاه و تصعید امیال و خواسته‌های طبیعی خود، با عظمتِ وجودیِ خود آشنا شوند. اگر از این کوته فکری نجات پیدا می‌کردند، بدون تردید، همهٔ کائنات را در عرصهٔ هستی که خود جزئی از آن‌ها هستند و در وصول به موقعیتی که در این زندگی به دست آورده‌اند، تأثیر داشته است، نعمت‌های خداوندی تلقّی می‌کردند.

آدمی در آن زمان، معنای عبور از موقعیت قطره‌های منی (نطفه) را درک می‌کند و این حقیقت را درمی‌یابد که حتی کوچک‌ترین:

قطره‌ای کز جویباری می‌رود　　　از پیِ انجامِ کاری می‌رود

پروین اعتصامی

چه رسد به ذرّات نطفهٔ آدمی که از منزلگاه‌های نخستِ وجودِ او محسوب می‌شود؛ همان منزلگاهی که سرآغازِ حرکتِ تکاملیِ بشر از آن جا شروع می‌شود و با دو نیروی عقل و قلب، و به کمک انبیای الهی و دیگر پیشوایان فوق طبیعت، تا قرار گرفتن در شعاع جاذبیّت الهی به حرکت خود ادامه می‌دهد.

حکیما، داورا ! کدام لطف و نعمتی با عظمت‌تر از آن را می‌توان تصور کرد که در بخشیدن نعمت وجود و فیضِ عظیمِ عبودیّت و قرار دادن در مسیر حرکت به بارگاه کبریایی‌ات، آگاهی از جریان قانون زندگی در این دنیا و اختیار در پذیرش آن را به ما ندادی که از دشواری و سنگلاخ بودن راه

زندگی بهراسیم و از ورود به این دنیا امتناع کنیم![1]

۱٤ـ ثُمَّ أَخْرَجْتَني لِلَّذي سَبَقَ لي مِنَ الْهُدى إِلَى الدُّنْيا تامًّا سَوِيًّا وَحَفِظْتَني فِي الْمَهْدِ طِفْلاً صَبِيًّا وَرَزَقْتَني مِنَ الْغِذاءِ لَبَنًا مَرِيًّا وَعَطَفْتَ عَلَيَّ قُلُوبَ الْحَواضِنِ وَكَفَّلْتَنِي الأُمَّهاتِ الرَّواحِمَ وَكَلَأْتَني مِنْ طَوارِقِ الْجانِّ وَسَلَّمْتَني مِنَ الزِّيادَةِ وَالنُّقْصانِ فَتَعالَيْتَ يا رَحيمُ يا رَحْمنُ.

سپس ای آفرینندهٔ مهربان من، مرا از نهان‌خانهٔ رحم مادر در مجرای مشیّت سابقه از هدایت، به این دنیا بیرون آوردی با آفرینش کامل و زیبا. آن‌گاه در گهواره با حفظ و حراست تو، دوران کودکی را سپری نمودم و از شیرِ گوارای مادرم، غذا عنایتم کردی. مرا از عواطف دل‌های پرستاران و دایه‌ها بهره‌مند ساختی. مادران مهربان را برای کفالتم وادار نمودی و مرا از آسیب اجنّه و شیاطین حفظ کردی و از هر گونه زیادی و نقص، مصونم داشتی. رحمٰن و رحیما! در هر حال، بلندترین مقامِ وجود از آنِ توست.

در جریان قانون هستی، گذارم به نهان‌خانهٔ ارحام افتاد و برای وصول به هدایت به پیشگاه تو که مقصد اعلای حرکت به این دنیا بود، با خلقت کامل گام به این گذرگاه نهادم. همان‌گونه که قانونِ باعظمتِ خلقت، شیری بس گوارا در پستان مادرم آماده می‌کرد، گهواره‌ای هم با دست مادر و پدر تهیه می‌شد که با حرکت دادن آن، به خواب شیرین فرو روم.

خداوندا! چگونه سپاس لبخندها و نگاه‌های مادر و دیگر دایه‌ها و پرستاران را که ریشه‌های احساسات عالی و عواطف و محبت را در دل من

۱ـ چنین تصور می‌شود که ابن شبل بغدادی، از این حکمتِ عُظمای خداوندی بی‌خبر بوده است که می‌گوید: لَكانَ وُجودُنا خَيْراً لَوْ اَنّا نُخَيَّرُ قَبْلَهُ اَوْ نُسْتَشارُ

«موقعی وجود ما خیر بود که پیش از آفرینش ما، اختیاری برای پذیرش خلقت به ما داده می‌شد.»

آبیاری می‌کرد، به جای بیاورم؟ در صورتی که سپاس، وسیلهٔ قدردانی از آن لبخندها و نگاه‌ها و دیگر نمودهای عواطف است که دل و جان مرا برای حیاتِ بامعنی آماده نموده که خود نعمت بزرگی است. خدایا! زندگی مرا از میان سنگلاخ‌ها و راه‌های پر فراز و نشیبِ جهان طبیعت و از جنگلِ حوادثِ ویران‌گر و موجودات زیان‌بار عبور دادی تا توانستم بدون اختلال در نظم وجودم به حیاتم ادامه دهم. دادگرا! هر چه در آغاز و حرکت و تحولاتِ قانونیِ حیاتم می‌نگرم، چیزی جز آثار عظمت و حکمت و فیّاضیّتِ مقامِ اعلای ربوبی تو نمی‌بینم. می‌خواهم سپاس این همه الطاف و مراحمِ ربانیِ تو را به جا بیاورم، اما از احساس ناتوانی، غباری از شرم سراسر درونم را احاطه می‌کند و در این حال اگر کلمه‌ای برای شکرگزاری بر زبانم بیاورم، همان کلمه، بی‌درنگ در مقابلِ احساسِ خجلتِ درونی‌ام، هم‌چون پرنده‌ای ظریف و زیبا، بال برای پرواز می‌گشاید و راه خود را پیش می‌گیرد.

۱۵ـ حَتّیٰ إذَا اسْتَهْلَلْتُ ناطِقًا بِالْكَلامِ.

تا آن‌گاه که زبان برای سخن گفتن آغاز کردم.

حروفِ گسیخته، گاه و بیگاه از دهان کوچکم بیرون می‌جَست؛ امواجی از عواطف و احساسات پاک را که از نغمهٔ اصلیِ وجود، سرمی‌کشید، به وجود می‌آورد و فضای آشیانه‌ام را با نکهت[1] بهشتی عطرآگین می‌ساخت. به تدریج و با افاضهٔ قدرت بیش‌تر برای توضیح خواسته‌ها و امیال درونی‌ام، توانایی ترکیب حروف را برای آشکار ساختنِ مقاصدِ کودکانهٔ ابتدایی‌ام به وسیلهٔ الفاظ، به من عنایت فرمودی. از این مرحله، ارتباط من و استعدادها و نیازهای زندگی‌ام با طبیعت و انسان‌های پیرامونم آغاز شد. هر چه

۱ـ نکهت ـ بوی خوش.

زندگی‌ام پیش می‌رفت، هم از نعمت‌هایی که برای به فعلیّت رسیدن استعدادهای گوناگونم عطا فرمودی، برخوردار می‌شدم و هم از آن الطاف بی‌پایان تو که برای بهره‌مندی از استعدادهای شکفته، نصیبم می‌ساختی.

۱۶ـ أَتْمَمْتَ عَلَيَّ سَوابِغَ الإنْعامِ وَرَبَّيْتَني زائِدًا في كُلِّ عامٍ حَتّى إذا اكْتَمَلَتْ فِطْرَتي وَاعْتَدَلَتْ مِرَّتي أَوْجَبْتَ عَلَيَّ حُجَّتَكَ بِأَنْ أَلْهَمْتَني مَعْرِفَتَكَ وَرَوَّعْتَني بِعَجائِبِ حِكْمَتِكَ وَأَيْقَظْتَني لِما ذَرَأْتَ في سَمائِكَ وَأَرْضِكَ مِنْ بَدائِعِ خَلْقِكَ وَنَبَّهْتَني لِشُكْرِكَ وَذِكْرِكَ وَأَوْجَبْتَ عَلَيَّ طاعَتَكَ وَعِبادَتَكَ وَفَهَّمْتَني ما جاءَتْ بِهِ رُسُلُكَ وَيَسَّرْتَ لي تَقَبُّلَ مَرْضاتِكَ وَمَنَنْتَ عَلَيَّ في جَميعِ ذلِكَ بِعَوْنِكَ وَلُطْفِكَ.

افاضاتِ ربّانی تو ای فیّاض مطلق، همچنان ادامه داشت تا خلقت اصلی‌ام تکمیل و نیروهای جسم و جانم اعتدال خود را یافت. از این هنگام بود که مرا برای انتخاب طرق «حیات طیبه (حیات معقول قابل استناد به مقام ربوبی تو)»، با دلیل و حجت روشنگر، الزام فرمودی تا در کج‌راهه‌های هویٰ و هوس و نادانی‌های ظلمانی، سر در گم نشوم و معرفت خود را به من الهام و با مشاهدهٔ حکمت‌های خویش مرا شگفت‌زده و مدهوش فرمودی و مرا به احساس مخلوقاتِ باعظمتی که در آسمان و زمین به وجود آورده‌ای، وادار ساختی. با این آمادگی‌ها و توانایی‌ها که عقل از درک آن عاجز و زبان از بیانش قاصر است، به لزوم سپاس و ذکر مقام اقدست، آگاه فرمودی.

ای خدای عزیزم!تویی که برای نایل ساختن من به هدف اعلای زندگی‌ام، اطاعت و عبادت را برای من مقرّر ساختی و آن‌چه را که پیامبرانِ تو برای تکامل ما آورده‌اند، تفهیم نموده و پذیرشِ عواملِ رضایت را تسهیل فرمودی. به راستی، آیا این ذکر و سپاس و اطاعت و عبادت و حتی این دریافت از وجود و صفاتِ اقدسِ ربوبی، ساختهٔ این خاک بی‌مقدار و این

مادّهٔ ناچیز و طبیعتِ ناتوانِ ماست؟ سوگند به خدا، نه.

لیک دانـد هـر کـه او را مـنظر است / کاین فغان این سری هم زآن سر است
دمـدمه‌ی ایـن نـای از دم‌هـای اوست / هـای و هـوی روح از هـیهای اوست[1]
یا رب این بخشش نه حدِّ کار ماست / لطفِ تو لطف خـفی را خـود سـزاست
دست گـیر از دستِ مـا، مـا را بـخر / پـرده را بـردار و پـرده‌ی مـا مَـدَر
بـاز خـر مـا را از ایـن نـفس پـلید / کـاردش تـا اسـتخوانِ مـا رسـید
از چـو مـا بـیچارگان ایـن بـندِ سخت / که گشاید جـز تـو ای سلطان بـخت؟
ایـن چـنین قـفل گـران را ای ودود / کـه تـواند جـز کـه فـضل تـو گشـود؟
مـا ز خـود سـوی تـو گـردانیم سَر / چـون تـویی از مـا بـه مـا نـزدیک‌تر
بـا چـنین نـزدیکیی، دوریـم دور / در چـنین تـاریکیی، بـفرست نـور
این دعا هم بـخشش و تـعلیم تـوست / ورنه در گلخن گـلستان از چـه رُست؟
در مـیانِ خـون و روده، فـهم و عـقل / جـز ز اکـرام تـو نـتوان کـرد نـقل
از دو پـاره پـیه، ایـن نـور روان / مـوج نـورش مـی‌رود بـر آسـمان
گـوشت پـاره‌ی کـه زبـان آمـد ازو / مـی‌رود سیلاب حکـمت هـم‌چو جـو
هـم دعـا از تـو، اجـابت هـم ز تـو / ایـمنی از تـو، مَـهابت هـم ز تـو[2]

۱۷ـ ثُمَّ إذْ خَلَقْتَني مِنْ خَيْرِ الثَّرى لَمْ تَرْضَ لي يا إلٰهي نِـعْمَةً دونَ أُخْـرى وَرَزَقْتَني مِنْ أنْواعِ الْمَعاشِ وَصُنُوفِ الرِّيـاشِ بِمَـنِّكَ الْـعَظيمِ الأعْـظَمِ عَـلَيَّ وَإحْسانِكَ الْقَديمِ إلَيَّ حَتّى إذا أتْمَمْتَ عَلَيَّ جَميعَ النِّعَمِ وَصَرَفْتَ عَنّي كُلَّ النِّقَمِ لَمْ يَمْنَعْكَ جَهْلي وَجُرْأتي عَلَيْكَ أنْ دَلَلْتَني إلى ما يُقَرِّبُني إلَيْكَ وَوَفَّقْتَني لِما يُزْلِفُني لَدَيْكَ فَإنْ دَعَوْتُكَ أجَبْتَني وَإنْ سَألْتُكَ أعْطَيْتَني وَإنْ أطَعْتُكَ شَكَـرْتَني وَإنْ شَكَرْتُكَ زِدْتَني كُلُّ ذلِكَ إكْمالٌ لِأنْعُمِكَ عَلَيَّ وَإحْسانِكَ إلَيَّ.

۱ـ مثنوی معنوی، دفتر اول.
۲ـ همان، دفتر دوم.

سپس ای یگانه خالقِ احسانگرِ من، کفایت به آن نفرمودی که مرا از بهترین خاک آفریدی، بلکه در طول هستی من، نعمت‌ها انعامم فرمودی و با منّت بزرگ و بزرگ‌ترت و با احسان اعظم و قدیمت، با بی‌نیازیِ مطلقِ خود، فراتر از سودجویی‌ها و معامله‌گری‌های نیازمندانه، مرا از معیشتِ گونه‌گون و اصناف وسایل و ابزار زندگی در روی زمین برخوردار ساختی، تا آن‌گاه که همهٔ نعمت‌ها را برای من اتمام نموده و هر گونه ناگواری‌ها را از من برگرداندی.

مهربان خداوندا ! آن همه جهل و جرأتی که از روی نادانی به تو روا داشتم، از آن‌چه که مرا به پیشگاهت نزدیک نماید، جلوگیری نکرد و از حضور در بارگاه تقرّب به تو، مانع نشد، بلکه هر گاه تو را خواندم، اجابتم کردی؛ مسئلت نمودم، عطایم فرمودی. اطاعتت کردم، پاداشم دادی. شکرگزاری کردم، بر کرامتت افزودی. همهٔ این‌ها از روی اکمال نعمت‌ها و احسان خداوندیِ تو برای من است.

۱۸ـ فَسُبْحانَكَ سُبْحانَكَ مِنْ مُبْدِئٍ مُعيدٍ حَميدٍ مَجيدٍ وَتَقَدَّسَتْ أَسْماؤُكَ وَعَظُمَتْ آلاؤُكَ فَأَيُّ نِعَمِكَ يا إِلهي أُحْصي عَدَداً وَذِكْراً أَمْ أَيُّ عَطاياكَ أَقُومُ بِها شُكْراً وَهِيَ يا رَبِّ أَكْثَرُ مِنْ أَنْ يُحْصِيَهَا الْعادُّوْنَ أَوْ يَبْلُغَ عِلْماً بِهَا الْحافِظُوْنَ.

پاکا، منزّه پروردگارا! تویی به وجود آورندهٔ کائنات و برگردانندهٔ آن‌ها پس از برچیده شدن از عرصهٔ هستی. ذات و صفاتت شایستهٔ حمد و ثنا، و مجد و عظمت تو فراتر از تصور ما. نام‌هایت مقدّس و نعمت‌هایت بزرگ. حال، بارالها کدام نعمت‌های تو را به شمارش و بیان درآورم، یا به سپاس‌گوییِ کدام عطاهای تو قیام کنم، با این که آن نعمت‌ها و عطاها بیش از آن است که شمارندگان از عهدهٔ محاسبهٔ آن‌ها برآیند و حافظان، توانایی علم به آن‌ها را

داشته باشند.

با این حال، که نعمت‌ها و الطاف خداوندی، ما بندگان را از هر سو در بر گرفته و ما را در خود غوطه‌ور ساخته است، توجهی به عظمت و ضرورتِ ارتباطِ آن‌ها با ابعاد مادّی و معنوی خود نداریم. چنین بی‌خیالی و مسامحه‌ای از ما بَردگانِ خور و خواب و خشم و شهوت و طرب و عیش و عشرت، بعید نیست و این چشم‌پوشی از الطاف عالیهٔ ربّانی از مثل ما که از دو قلمروِ ملکوتِ آفاق و انفس، چیزی جز لذایذ حیوانی را نمی‌بینیم و نمی‌خواهیم، شگفت‌آور نیست. تا زمانی که معنای باعظمتِ جهان هستی و حقیقتِ گوهرِ انسانی که در درون ما و عالی‌ترین میوه و محصولِ کارگاهِ بزرگِ وجود است، برای ما دریافت نشده است، اگر همهٔ کائنات و چند برابر آن را با یک زندگی ابدی در اختیار ما بگذارند، باز به قول مولوی: ما گاوان علف‌خوار که در ضمن، افعی یکدیگر هم هستیم، نه نعمتی خواهیم شناخت و نه استفاده از آن‌ها را وسیلهٔ حرکتِ تکاملیِ خود قرار خواهیم داد، زیرا ما علف می‌خواهیم و نیش زدن به دیگران.

بیایید سخنی هم فراتر از همهٔ این سر و صداها و آوازهای بی‌سر و ته بشنویم. این سخنِ خدای ماست:

أَمْ تَحْسَبُ أَنَّ أَكْثَرَهُمْ يَسْمَعُونَ أَوْ يَعْقِلُونَ إِنْ هُمْ إِلاَّ كَالأَنْعَامِ بَلْ هُمْ أَضَلُّ سَبِيلاً.[۱]

آیا گمان می‌کنی بیش‌ترِ آنان می‌شنوند یا تعقل می‌کنند؟ آنان چیزی جز حیوانات دیگر نیستند، بلکه آنان گمراه‌تر از جانورانند.

از یک بندهٔ خدا هم بشنوید:

ای بسا کس رفته تا شام و عراق   او ندیده هیچ جز کفر و نفاق

۱ـ سورهٔ فرقان، آیهٔ ۴۴.

وی بسا کس رفته تا هند و هری — او ندیده جز مگر بَیْع و شِری
وی بسا کس رفته ترکستان و چین — او ندیده هیچ جز مکر و کمین
طالب هر چیز ای یار رشید — جز همان چیزی که می‌جوید ندید
چون ندارد مدرکی جز رنگ و بو — جملهٔ اقلیم‌ها را گو بجو
گاو در بغداد آید ناگهان — بگذرد ازین سران تا آن سران
از همه عیش و خوشی‌ها و مزه — او نبیند غیر قشرِ خربزه
که بُود افتاده در ره یا حشیش — لایقِ سیرانِ گاوی یا خریش
خشک بر میخ طبیعت چون قَدید — بستهٔ اسباب و جانش لا یزید
وآن فضای خَرْقِ اسباب و علل — هست ارْضُ اللّه، ای صدرِ اجل
هر زمان مُبْدَل شود چون نقش جان — نو به نو بیند جهانی در عیان
گر بود فردوس و انهارِ بهشت — چون‌فسرده‌ی‌یک صفت‌شدگشت زشت[۱]

۱۹ـ ثُمَّ ما صَرَفْتَ وَدَرَأْتَ عَنّي اللّهُمَّ مِنَ الضُّرِّ وَالضَّرّاءِ أَكْثَرُ مِمّا ظَهَرَ لي مِنَ الْعافِيَةِ وَالسَّرّاءِ وَأَنَا أَشْهَدُ يا إلهي بِحَقيقَةِ ايماني وَعَقْدِ عَزَماتِ يَقيني وَخالِصِ صَريحِ تَوْحيدي وَباطِنِ مَكْنُونِ ضَميري وَعَلائِقِ مَجاري نُورِ بَصَري وَأَساريرِ صَفْحَةِ جَبيني وَخُرْقِ مَسارِبِ نَفْسي وَخَذاريفِ مارِنِ عِرْنيني وَمَسارِبِ سِماخِ سَمْعي وَما ضُمَّتْ وَأَطْبَقَتْ عَلَيْهِ شَفَتايَ وَحَرَكاتِ نَفْظِ لِساني وَمَغْرَزِ حَنَكِ فَمي وَفَكّي وَمَنابِتِ أَضْراسي وَمَساغِ مَطْعَمي وَمَشْرَبي وَحِمالَةِ أُمِّ رَأْسي وَبَلوعِ فارِغِ حَبائِلِ عُنُقي وَمَا اشْتَمَلَ عَلَيْهِ تامُورُ صَدْري وَحَمائِلِ حَبْلِ وَتيني وَنِياطِ حِجابِ قَلْبي وَأَفْلاذِ حَواشي كَبِدي وَما حَوَتْهُ شَراسيفُ أَضْلاعي وَحِقاقُ مَفاصِلي وَقَبْضُ عَوامِلي وَأَطْرافُ أَنامِلي وَلَحْمي وَدَمي وَشَعْري وَبَشَري وَعَصَبي وَقَصَبي وَعِظامي وَمُخّي وَعُرُوقي

۱ـ مثنوی معنوی، دفتر چهارم.

وَجَميعُ جَوارِحي وَمَا انْتَسَجَ عَلى ذلِكَ أيّامَ رِضاعي وَما أقَلَّتِ الْأرْضُ مِنّي وَنَوْمي وَيَقْظَتي وَسُكُوني وَحَرَكاتِ رُكُوعي وَسُجُودي أنْ لَوْ حاوَلْتُ وَاجْتَهَدْتُ مَدَى الْأعْصارِ وَالأحْقابِ لَوْ عُمِّرْتُها أنْ اُؤَدِّيَ شُكْرَ واحِدَةٍ مِنْ أنْعُمِكَ مَا اسْتَطَعْتُ ذلِكَ.

بارالها! وانگهی، ضررها و زیان‌هایی که از من برگرداندی، بیش از آن عافیت و نعمت‌هایی است که به من عنایت فرمودی. و ای خدای من، با حقیقتِ ایمانم گواهی می‌دهم و با عهد استوار و محکم قاطعیّت‌های یقینی که دارم و با خلوصِ توحیدِ صریحی که در دلم موجود است و با اعماقِ پنهانیِ درونم و رشته‌های مجاری نور چشمم و خطوطِ نقشِ پیشانی‌ام و با شکاف راه‌های تنفّسم و نرمهٔ تیغهٔ بینی‌ام و طرق امواج صداها به سماخ و استخوان گوشم و با آن‌چه که لب‌هایم آن را در بر و در هنگام روی هم نهاده شدن میان خود دارد. و با حرکات لفظی زبانم و محلّ پیوست فکّ بالا و فکّ پایینم و رستنگاه دندان‌هایم و عامل چشیدن خوراکی‌ها و آشامیدنی‌هایم، با عامل حمل (فعالیّت یا استخوان) حافظ مغز سرم و لولهٔ فرو دادن غذا و آشامیدنی‌ها در درون چنبرهٔ گردنم و با آن‌چه که درون سینه‌ام در بر گرفته است و حمایلِ (بند) رگ گردنم و آویزهٔ پردهٔ قلبم و با قطعه‌های اطراف کبدم و آن‌چه که خمیدگی دنده‌هایم در بر گرفته و گودی بندهای مَفصل‌ها و قبضِ عواملِ فعّالِ درونم و بند انگشتان و گوشت و خون و مو و ظاهرِ پوست و اعصاب و نی و استخوان‌ها و مغز و رگ‌ها و همهٔ اعضایم و با آن‌چه که در دوران شیرخوارگی در بدنم بافته شده است و با آن‌چه که زمین از من بر خود حمل نموده است و با خواب و بیداری و سکون و حرکات و [رکوع و سجود]، آری، ای خدای مهربانم! اگر با این همه نعمت‌های آشکار و پنهانِ تو بخواهم و بکوشم و در تمامی قرون و اعصار در آن‌ها زندگی کنم و بخواهم شکر یکی از نعمت‌هایت را به جای بیاورم، ناتوان خواهم بود.

برای جان آن کس که نعمتِ عُظمای وجود قابل فهم و درک است، این جملات امام حسین ﷺ آشناییِ بسیار نزدیک دارد. چنین شخصی می‌تواند بفهمد که به قول حافظ:

هنگام تنگدستی در عیش کوش و مستی
کاین کیمیای هستی قارون کند گدا را

هر نَفَسی که چنین شخصی در این زندگی برمی‌آوَرَد، با توجه به عظمتِ نعمتِ هستی و آگاهی به این که «این طرفه خبر چه مبتدایی دارد» و با این احساس که در متنِ طبیعیِ پیشگاهِ الهی قدم برمی‌دارد، تحفه‌ای برای ابدیت خود می‌فرستد.

وین نَفَس جان‌های ما را هم‌چنان — اندک اندک دزدد از حبسِ جهان
تا اِلَیْهِ یَصْعَدُ اَطْیابُ الْکَلِمْ — صاعِداً مِنّا اِلیٰ حَیْثُ عَلِمْ[1]
تَرْتَقی اَنْفاسُنا بِالْمُنْتَقیٰ — مُتْحَفاً مِنّا اِلیٰ دارِ الْبَقا[2]
ثُمَّ تَأتینا مُکافاتُ الْمَقال — ضِعْفَ ذاکَ رَحْمَةً مِنْ ذِی الْجَلال[3]
ثُمَّ یُلْجِینا اِلیٰ اَمْثالِها — کَیْ یَنالَ الْعَبْدُ مِمّا نالَها[4]
هٰکَذا تَعْرُجُ وَ تَنْزِلُ دائما — ذا فَلا زالَت عَلَیْهِ قائما
پارسی گوییم: یعنی این کَشِش — زان طرف آید که آمد این چَشِش[5]

رسول خداﷺ در آخرین جمعهٔ شعبان، خطبه‌ای به این مضمون برای مردم ایراد فرمود:

۱ـ این نفس‌های ما در حالی که تحفه‌هایی از ماست، به سرای ابدیت بالا می‌رود.
۲ـ تا کلمات و پدیده‌های پاکیزه از طرف ما به سوی او، آن جا که می‌داند، صعود نماید.
۳ـ آن‌گاه پاداش این کارهای ما چند برابر از الطاف پروردگار به ما می‌رسد.
۴ـ سپس خداوند منّان، ما را به آوردن امثال آن نفس‌ها وادار می‌کند، تا بندهٔ خداوندی از آن‌چه که نایل شده بود، دیگر بار نایل شود.
۵ـ مثنوی معنوی، دفتر اول.

أَیُّهَا النّاسُ قَدْ أَقْبَلَ عَلَیْكُمْ شَهْرُ اللّٰهِ بِالرَّحْمَةِ وَ الْبَرَكَةِ أَنْفاسُكُمْ فیهِ تَسْبیحٌ وَ نَوْمُكُمْ فیهِ عِبادَةٌ ...

ای مردم! ماه خداوندی با رحمت و برکت به شما روی آورده است. نفس‌های شما در این ماه مقدس (رمضان) تسبیح است و خوابتان عبادت ...

علت این رابطهٔ باعظمت که باعث می‌شود آدمی با همهٔ اجزاء و اعضای برونی و نیروهای درونی‌اش، با فرض این که در تمامی قرون و اعصار زندگی کند، شهادت بدهد که سپاس یکی از نعمت‌های خداوندی را به جای آوَرَد، باز ناتوان خواهد بود. این حقیقت است که انسان با دریافت این حالتِ عُظمای ملکوتی که با توجه به وسیلهٔ دلِ پاک به یکی از نعمت‌های وابسته به فیض خداوندی، اگرچه کوچک به نظر بیاید، ارتباط با خداوند سبحان پیدا می‌کند، در نتیجه، «من» او گسترش به فراسوی ابدیت یافته، به لقاء اللّه نایل می‌شود. آیا امکان آن هست که سپاس چنین قرار گرفتن در جاذبهٔ جلال و جمال الهی را به جای آورد؟

۲۰ـ إِلّا بِمَنِّكَ الْمُوجَبِ عَلَیَّ بِهِ شُكْرُكَ أَبَدًا جَدیدًا وَثَناءً طارِفًا عَتیدًا أَجَلْ وَلَوْ حَرَصْتُ أَنَا وَالْعادّوُنَ مِنْ أَنامِكَ أَنْ نُحْصِیَ مَدی إِنْعامِكَ سالِفِهِ وَآنِفِهِ ما حَصَرْناهُ عَدَدًا وَلا أَحْصَیْناهُ أَمَدًا هَیْهاتَ أَنّی ذٰلِكَ وَأَنْتَ الْمُخْبِرُ فی كِتابِكَ النّاطِقِ وَالنَّبَأِ الصّادِقِ وَإِنْ تَعُدّوُا نِعْمَةَ اللّٰهِ لا تُحْصُوها صَدَقَ كِتابُكَ اللّٰهُمَّ وَإِنْباؤُكَ وَبَلَّغَتْ أَنْبِیاؤُكَ وَرُسُلُكَ ما أَنْزَلْتَ عَلَیْهِمْ مِنْ وَحْیِكَ وَشَرَعْتَ لَهُمْ وَبِهِمْ مِنْ دینِكَ.

مُنعما، خداوندا! اگر بندهٔ تو در صدد برآید که شکر یکی از نعمت‌هایت را به جای بیاورد، باز به برکتِ احسان ربّانی توست که خود شکر جدیدی را ایجاب می‌کند. آری، ای خدای بی‌چون! اگر من و همهٔ شمارندگان از مخلوقات تو بخواهیم نهایتِ انعام وجودِ تو را که در گذشته و حال و آیندهٔ ما بندگانت را

در خود فرو برده است، شمارش کنیم، نه عدد آن را می‌توانیم با شمارش خود محدود کنیم و نه مدت آن را. هیهات! چگونه می‌توانیم از عهدهٔ چنین کاری برآییم، در صورتی که در کتابِ گویای حق و حقیقت (قرآن کریم) و خبر راستین چنین فرموده‌ای: «وَ إِنْ تَعُدُّوا نِعْمَةَ ٱللّٰهِ لاٰ تُحْصُوهٰا.»[1] راست گفته است کتاب تو، ای خدای بزرگ! و راست است خبری که داده‌ای و پیامبران و رسولانت آن را ابلاغ نموده‌اند. این سخن از وحی تو به آنان نازل شده و از دین خود که برای آنان و به وسیلهٔ آنان تشریع فرموده‌ای، تبلیغ کرده‌اند.

۲۱ـ غَيْرَ أَنّي يا إلهي أَشْهَدُ بِجُهْدي وَجِدّي وَمَبْلَغِ طاعَتي وَوُسْعي وَأَقولُ مُؤْمِنًا مُوقِنًا الْحَمْدُ لِلّهِ الَّذي لَمْ يَتَّخِذْ وَلَدًا فَيَكُونُ مَوْرُوثًا وَلَمْ يَكُنْ لَهُ شَريكٌ في مُلْكِهِ فَيُضادَّهُ فيمَا ابْتَدَعَ وَلا وَلِيٌّ مِنَ الذُّلِّ فَيُرْفِدَهُ فيما صَنَعَ فَسُبْحانَهُ سُبْحانَهُ لَوْ كانَ فيهِما آلِهَةٌ إِلَّا اللهُ لَفَسَدَتا وَتَفَطَّرَتا سُبْحانَ اللهِ الْواحِدِ الأَحَدِ الصَّمَدِ الَّذي لَمْ يَلِدْ وَلَمْ يولَدْ وَلَمْ يَكُنْ لَهُ كُفُواً أَحَدٌ الْحَمْدُ لِلّهِ حَمْدًا يُعادِلُ حَمْدَ مَلائِكَتِهِ الْمُقَرَّبينَ وَأَنْبِيائِهِ الْمُرْسَلينَ وَصَلَّى اللهُ عَلى خِيَرَتِهِ مُحَمَّدٍ خاتَمِ النَّبِيّينَ وَآلِهِ الطَّيِّبينَ الطّاهِرينَ الْمُخْلَصينَ وَسَلَّمَ.

لکن ای خدای من! با تمام کوشش و تلاش و مقدار طاعت و ظرفیّتم شهادت می‌دهم و در عین ایمان و یقین می‌گویم: سپاس مر خدای را که فرزندی اتخاذ نکرد، تا مانند آدمیان وارث او باشد و شریک در ملکش نیست که در آن‌چه که ابداع فرموده است، تضادّی با او داشته باشد و نه برای او ولیّی است که کشف از پستی او نماید. قدرت مطلقهٔ او در آفرینش، نیازی به کمک و یاری ندارد.

پروردگارا، پاک دادارا! تو منزّه از هر یاور و شریکی هستی. اگر در آسمان‌ها و

۱ـ و اگر بخواهید نعمت خداوندی را بشمارید، نخواهید توانست. [سورهٔ ابراهیم، آیهٔ ۳۴]

زمین خدایانی بودند، آن‌ها تباه می‌شدند و از هم می‌پاشیدند. خداوند یگانه و بی‌همتا و بی‌نیاز مطلق که نه می‌زاید و نه زاییده شده و نه احدی مشابه و برابر اوست. سپاس مر خدای را؛ سپاسی که معادلِ حمدِ فرشتگانِ مقرّب و پیامبرانِ مرسلِ اوست و درود و سلام خداوندی بر برگزیدهٔ او **محمد** خاتم پیامبران و فرزندان طیّب و طاهر او که به مقام اخلاص واصل شده‌اند.

۲۲ـ أللّهُمَّ اجْعَلْني أخْشاكَ كَأنّي أراكَ وَأسْعِدْني بِتَقْواكَ وَلا تُشْقِني بِمَعْصِيَتِكَ وَخِرْلي في قَضائِكَ وَبارِكْ لي في قَدَرِكَ حَتّى لا اُحِبَّ تَعْجيلَ ما أخَّرْتَ وَلا تَأخيرَ ما عَجَّلْتَ.

خداوندا! خشیت از کبریا و عظمت خود را چنان نصیبم فرما که گویی تو را می‌بینم و آن توفیق تقوا که به وسیلهٔ آن، روحم را در مسیر کمال از آلودگی‌ها پاک بدارم، سعادتمندم فرما. به وسیلهٔ ارتکاب معصیت، مرا به شقاوت گرفتار مفرما. در فرمانِ قضایی که بر من می‌رانی، خیر را نصیبم کن. نقشهٔ قدرت را دربارهٔ من چنان مبارک فرما تا در سرنوشتی که تأخیر روا داشته‌ای، شتاب‌زده نباشم و در آن‌چه که ارادهٔ تقدیر (مقدّر) فرموده‌ای، آرزوی تأخیر آن را در دل خطور ندهم.

محرومیّت ما انسان‌ها از نعمت عُظمای محاسبه و تعظیم و خشیت دربارهٔ مقام ربوبی، معلول آن است که ما به جای دریافتِ حقیقیِ خدا، مفهومی محدود از خدا را که حتی از مشخصاتِ بشریِ خود نیز به آن ضمیمه می‌کنیم، در گوشه‌ای از درون قرار می‌دهیم که تنها در هنگام گرفتاری‌ها و اضطراب‌ها، سراغ آن را می‌گیریم. بارالها! حقّ است که ما را با خطاب توبیخ‌آمیزت هشدار دهی که:

مَا لَكُمْ لاَ تَرْجُونَ لِلَّهِ وَقَاراً.[۱]

چه شده است شما را که واقعیتِ باعظمتِ خداوندی را به جای نمی‌آورید و امید به او نمی‌بندید؟

به هر شکل، باید بدانیم که برای وصول به سعادت حقیقی، راهی جز تقوای واقعی که همان «صیانتِ تکاملیِ ذات» است، نداریم و محال است بدون پیوندِ زندگی و مرگ به خدا، بتوانیم از تقوای واقعی بهره‌مند شویم:

قُلْ إِنَّ صَلاَتِي وَ نُسُكِي وَ مَحْيَايَ وَ مَمَاتِي لِلَّهِ رَبِّ ٱلْعَالَمِينَ.[۲]

محققاً، نماز و عبادات و حیات و موت من، از آنِ خداوند، پروردهٔ عالمیان است.

مگر ما نمی‌گوییم:

إِنَّا لِلَّهِ وَ إِنَّا إِلَيْهِ رَاجِعُونَ.[۳]

ما از آنِ خداییم و به سوی او بازمی‌گردیم.

آری، این یک حقیقتِ قطعی است. آیا وجود ما به یک مفهوم ذهنی وابسته است و در پایان هم به سوی همان مفهوم ذهنی بازمی‌گردیم؟

پروردگارا! آخر، محرومیّت از رابطهٔ حقیقی و دیدار با تو تا کی؟ آخر، این جداییِ تلخ و غفلت از تلخیِ آن، که تلخ‌تر از مرگ است، تا کی و تا کجا؟ ای نزدیک‌تر از من به من! تا کی به خویشتن تسلّا بدهم و نه تنها برای ابد دردِ هجرانِ تو را بچشم، حتی لحظاتی که یاد فراق تو افتم، به خویشتن تلقین کنم که:

شرح این هجران و این خون جگر — این زمان بگذار تا وقت دگر[۴]

خدایا! اگر از تو دور نیفتاده بودم، همواره خشیت از تو و هراس از ناپاکی‌ها داشتم و پیرامون گناهان نمی‌گشتم. به قضای ربانی و قَدَر مبارک

۱ـ سورهٔ نوح، آیهٔ ۱۳.

۲ـ سورهٔ انعام، آیهٔ ۱۶۲.

۳ـ سورهٔ بقره، آیهٔ ۱۵۶.

۴ـ مثنوی معنوی، دفتر اول.

تو، چنان خشنود می‌شدم که گویی نقشهٔ آن دو را با رغبت کامل و با قلم خود کشیده‌ام.

اگر با تو بودم و یقین داشتم که تو با منی، به غنا و بی‌نیاز ذاتی نایل می‌شدم و همان انسان کامل بودم که **طغرایی** خبر داده است:

وَ اِنَّما رَجُلَ الدُّنیا وَ واحِدُها　　مَنْ لا یُعوِّلُ فِی الدُّنیا عَلی رَجُلِ[1]

و جز این نیست که یگانه مرد دنیا کسی است که در دنیا به هیچ مردی تکیه نکند.

هنگامی که آدمی خود را از حضورِ پیشگاه خدا محروم می‌کند، نخستین نعمتِ حیات‌بخش که از وی سلب می‌شود، یقین است. در نتیجه، قلب و ذهن او در معرضِ هجومِ انکار، شک، تردید، گمان و وهم قرار می‌گیرد، و به قول مولوی:

وسوسه و اندیشه[2] بر وی در گشاد　　رانـد عشـق لاابـالی از درش[3]

با رفتن یقین از قلب، کشتیِ وجودِ آدمی در اقیانوس هستی، بدون لنگر و فرمان و قطب‌نما، در دامانِ امواجِ بی‌امانِ حوادث متزلزل می‌شود.

۲۳ـ أَللّٰهُمَّ اجْعَلْ غِنايَ في نَفْسي وَالْيَقينَ في قَلْبي وَالْإخْلاصَ في عَمَلي وَالنُّورَ في بَصَري وَالْبَصيرَةَ في ديني وَمَتِّعْني بِجَوارِحي وَاجْعَلْ سَمْعي وَبَصَري الْوارِثَيْنِ مِنّي وَانْصُرْني عَلى مَنْ ظَلَمَني وَأَرِني فيهِ ثَأري وَمَأرِبي وَأَقِرَّ بِذٰلِكَ عَيْني.

پروردگارا، بارالها! بی‌نیازی را در نفْسم قرار بده، و یقین را در قلبم، اخلاص را

۱ـ طغرایی، لامیهٔ معروف.

۲ـ البته منظور از اندیشه، معنای سازنده و حیاتی آن نیست، بلکه همان تخیّلات و پندارهای بی‌اساس و تجسّم‌های بی‌پایان است که مشابه وسوسه می‌باشند.

۳ـ دیوان شمس.

در عملم، نور را در دیدگانم و بینایی را در دینم تثبیت فرما. معبودا ! مرا از اعضایی که لطف فرموده‌ای، بهره‌مند فرما. چشم و گوشم را وارث من قرار بده [تا از دوران زندگی‌ام امتیازات قابل ذخیره برای سعادت ابدی‌ام،تهیه کنند.] مرا بر کسی که بر من ستم کرده، یاری فرما و گرفتن خونم را و انتقام آن امتیازاتی که اگر زنده می‌ماندم، کسب می‌کردم، بر آن ستمکار ارائه فرما و با این لطف، چشمم را روشن کن.

در آن روز نهایی که قیامت نامیده‌ای و پایان آن آغاز ابدیت است، ما را از عهدهٔ مسئولیت دربارهٔ چشم و گوش و دیگر اعضاء و قوا که به ما عنایت فرموده‌ای، برآور؛ همان روزی که:

حق همی گوید چه آوردی مرا؟ اندر این مهلت که دادم مر تو را
عمر خود را در چه پایان برده‌ای قُوت و قوّت در چه فانی کرده‌ای؟
گوهر دیده کجا فرسوده‌ای پنج حس را در کجا پالوده‌ای؟
گوش و چشم و هوش و گوهرهای عرش خرج کردی، چه خریدی تو ز فرش؟
دست و پا دادمُت چون بیل و کَلَند[1] من ببخشیدم، زخود آن کی شدند؟[2]

خداوندا ! آن ستمکارِ شقی که شمشیر به دست، به قتل من اقدام کرد، به آن حیاتم پایان داد که هر لحظه‌اش بنا به حضور در پیشگاه تو برای من طعم ابدیت می‌داد و در هر لحظه‌ای که در احساس و انجام فرمان‌های تو به سر می‌بردم، شکوفایی بیش‌تری در سعادتم می‌دیدم. ای باغبانِ باغِ بزرگِ هستی! او با ستم و تعدّی بر من، شاخه‌ای باردار از نهالِ باغِ تو را شکست و یا آن نهال را از ریشه برانداخت. عظمت و ارزش حقیقی این نهال در نزد توست و انتقام ظلم آن نابکارِ نهال براندازِ هستی را تو دانی.

۱ـ کلنگ.
۲ـ مثنوی معنوی، دفتر سوم.

۲۴ـ أَللّٰهُمَّ اكْشِفْ كُرْبَتي وَاسْتُرْ عَوْرَتي وَاغْفِرْ لي خَطيئَتي وَأَخْسِئْ شَيْطاني وَفُكَّ رِهاني وَاجْعَلْ لي يا إلٰهي الدَّرَجَةَ الْعُلْيا في الآخِرَةِ وَالأُولى.

خداوندا، رحیما! اندوهم را برطرف کن و پنهان کردنی‌های مرا بپوشان و گناهم را ببخشا، و شیطانم را از من دور فرما و ذمّه‌ام را از همهٔ تکالیف و حقوقی که بر عهده دارم، آزاد کن. خدای من! درجات عالیه‌ای را در آخرت و دنیا نصیبم فرما.

آری:

دام سخت است، مگر یار شود لطف خدا
ور نه انسان نَبَرَد صَرفه ز شیطان رجیم

حافظ

ای همیشه حاجتِ ما را پناه — بار دیگر ما غلط کردیم راه
صد هزاران دام و دانه است ای خدا — ما چو مرغان حریصِ بینوا
دم به دم پا بستهٔ دام نویم — هر یکی گر باز و سیمرغی شویم[1]

با کمال تأسف، انسان‌ها از دو شیطان قوی (شیطان برونی که راندهٔ درگاه خداست و شیطان درونی که نفس امّاره یا به اصطلاح دیگر، خودِ طبیعیِ مهارنشدهٔ ماست)، در غفلتِ شگفت‌انگیز و شرم‌آوری به سر می‌برند، چنان که گویی موجودی به نام شیطان در صدد اغوای ما نیست و چیزی در درون به نام «نفس امّاره یا خودِ طبیعی» نداریم و با این غفلتِ خجلت‌آور، چنان آسوده‌خاطر زندگی می‌کنیم که گویی هیچ محاسبه‌ای در کار ما وجود ندارد.

خداوندا! برای آن که زندگی ما از جوهر و هدف اصلی برخوردار باشد، ما را به عظمتِ حیاتی بودنِ احساسِ تکلیف و انجام آن، و از ضرورت ایفای

۱ـ همان. دفتر اول.

حقوقی که بر عهده داریم، مطّلع فرما.

۲۵ـ أَللّٰهُمَّ لَكَ الْحَمْدُ كَما خَلَقْتَني فَجَعَلْتَني سَميعًا بَصيرًا وَلَكَ الْحَمْدُ كَما خَلَقْتَني فَجَعَلْتَني خَلْقًا سَوِيًّا رَحْمَةً بي وَقَدْ كُنْتَ عَنْ خَلْقي غَنِيًّا رَبِّ بِما بَرَأْتَني فَعَدَّلْتَ فِطْرَتي رَبِّ بِما أَنْشَأْتَني فَأَحْسَنْتَ صورَتي رَبِّ بِما أَحْسَنْتَ إِلَيَّ وَفي نَفْسي عافَيْتَني رَبِّ بِما كَلأْتَني وَوَفَّقْتَني رَبِّ بِما أَنْعَمْتَ عَلَيَّ فَهَدَيْتَني رَبِّ بِما أَوْلَيْتَني وَمِنْ كُلِّ خَيْرٍ أَعْطَيْتَني رَبِّ بِما أَطْعَمْتَني وَسَقَيْتَني رَبِّ بِما أَغْنَيْتَني وَأَقْنَيْتَني رَبِّ بِما أَعَنْتَني وَأَعْزَزْتَني رَبِّ بِما أَلْبَسْتَني مِنْ سِتْرِكَ الصّافي وَيَسَّرْتَ لي مِنْ صُنْعِكَ الْكافي صَلِّ عَلى مُحَمَّدٍ وَآلِ مُحَمَّدٍ.

خداوندا! سپاس تو را گویم در برابر نعمت آفرینش که به من عطا فرمودی و لباس وجود که بر من پوشاندی و مرا شنوا و بینا قرار دادی. سپاس تو را گویم که مرا وارد جهان خلقت نمودی و موجودی معتدل ساختی، با این که از وجود من بی‌نیاز بودی. لطف بی‌کران تو، مرا از نعمت خلقت برخوردار ساخت و از فطرتِ طبیعتِ تعدیل شده و دارای استعدادِ کمال بهره‌مند نمود.

ای پروردگار من! وجودم را انشاء و ابداع نمودی، بدون آن که سابقه‌ای از هستی داشته باشم؛ آن‌گاه صورتم را نیکو ساختی. پروردگار من، سپاس تو را گویم که احسانم فرمودی. عافیتِ نفس به من ارزانی داشتی و نظاره بر حالم فرمودی و توفیقم دادی، انعام کردی و هدایتم فرمودی. ای پروردگار من! سپاس‌گزار تو هستم که مرا برای الطاف خود برگزیدی و از هر خیری برای من عنایت فرمودی؛ اطعامم کردی، سیرابم نمودی، بی‌نیازم کردی و سرمایه‌ام دادی و عزّت نصیبم ساختی. و از لباس منزّه مرا پوشاندی و کار در مصنوعات کارگاهت را برای من آسان فرمودی. این همه عنایت‌ها که دربارهٔ ما بندگانت روا داشتی، بر محمد و آل محمد درود بفرست.

اگر همهٔ ساعات و روزها و شب‌های عمرمان را برای شمارش این نعمت

و ارزش‌های آن‌ها سپری کنیم و اگر با همهٔ کائنات جهان هستی، هم‌زبان و گویای حمد و ثنای خداوند شویم، چگونه می‌توانیم از عهدهٔ چنین کاری برآییم؟ در صورتی که باز کردن دهان و حرکت دادن زبان، خود، از فیض آن فیّاض مطلق است که سزاوار حمد و سپاس جداگانه است.

٢٦ـ وَأَعِنّي عَلى بَوائِقِ الدُّهُورِ وَصُرُوفِ اللَّيالي وَالْأَيّامِ وَنَجِّني مِنْ أَهْوالِ الدُّنْيا وَكُرُباتِ الآخِرَةِ وَاكْفِني شَرَّ ما يَعْمَلُ الظّالِمُونَ فِي الْأَرْضِ اللّـهُمَّ ما أخافُ فَاكْفِني وَما أَحْذَرُ فَقِني وَفي نَفْسي وَديني فَاحْرُسْني وَفي سَفَري فَاحْفَظْني وَفي أَهْلي وَمالي فَاخْلُفْني وَفيما رَزَقْتَني فَبارِكْ لي وَفي نَفْسي فَذَلِّلْني وَفي أَعْيُنِ النّاسِ فَعَظِّمْني وَمِنْ شَرِّ الْجِنِّ وَالإِنْسِ فَسَلِّمْني وَبِذُنُوبي فَلا تَفْضَحْني وَبِسَريرَتي فَلا تُخْزِني وَبِعَمَلي فَلا تَبْتَلِني وَنِعَمَكَ فَلا تَسْلُبْني وَإِلى غَيْرِكَ فَلا تَكِلْني إِلهي إِلى مَنْ تَكِلُني إِلى قَريبٍ فَيَقْطَعُني أَمْ إِلى بَعيدٍ فَيَتَجَهَّمُني أَمْ إِلَى الْمُسْتَضْعِفينَ لي وَأَنْتَ رَبّي وَمَليكُ أَمْري أَشْكُو إِلَيْكَ غُرْبَتي وَبُعْدَ داري وَهَواني عَلى مَنْ مَلَّكْتَهُ أَمْري إِلهي فَلا تُحْلِلْ عَلَيَّ غَضَبَكَ فَإِنْ لَمْ تَكُنْ غَضِبْتَ عَلَيَّ فَلا أُبالي سِواكَ سُبْحانَكَ غَيْرَ أَنَّ عافِيَتَكَ أَوْسَعُ لي.

یارا، یاورا! هنگام ناملایمات روزگاران و دگرگونی‌های شب‌ها و روزها یاری‌ام فرما و از خطرهای هولناک دنیا و مشقّت‌های آخرت نجاتم بده و از شرّ ستمکارانی که در روی زمین فساد به راه می‌اندازند، کفایتم فرما.

خداوندا! از آن‌چه که می‌ترسم، مرا در امان نگه دار و از آن‌چه که بیم دارم، حفظ نما و مرا در شئونات نفسم و دینم حراست فرما. در سفر نگهدارم باش و دودمانم را در کنف حمایتت قرار بده. و آن‌چه را که روزی فرموده‌ای، مبارک فرما و مرا در برابر نفسم ذلیل و خوار و در دیدگان مردم بزرگ کن و از شرّ جنّ و انس سالم فرما و مرا به وسیلهٔ گناهانم رسوا نکن و با درون

ناشایسته‌ام مرا مفتضح مفرما و به وسیلهٔ عملم گرفتار نکن و نعمت‌هایت را از من نگیر و مرا به جز خودت، به هیچ کس واگذار نکن. خدای من، به چه کسی مرا وامی‌گذاری؟ آیا به نزدیکانم که از من خواهند گسیخت، یا به آن‌ها که دور و بیگانه‌اند که به من خشونت روا خواهند داشت؟ تویی پروردگار و مالکِ امر من. از تنهایی و دوریِ منزل و از اهانتِ کسی که امر من در اختیار اوست، شکایت می‌کنم. الهی، غضبت را بر من فرود نیاور و اگر تو بر من غضبناک نشوی ، از هیچ کس باکی ندارم. عافیت و رحمت و مغفرتِ تو برای من فراگیرتر از همه چیز است.

خداوندا ! برای تحمل و شکیبایی در برابر ناگواری‌ها، مصائب، خطرهای هولناک زندگی و سختی‌های آخرت، هیچ نیرو و عاملی جز الطاف و عنایاتِ بی‌چونِ خداوندیِ تو وجود ندارد. ظرفیت ما آدمیان در مقابل خوشی‌ها و ناخوشی‌ها، محدودتر از آن است که تلقینات بی‌اساس و تقویت‌های جسمی و روانی با اسباب و وسایل مادّی، بتواند زجر و مشقت‌های ما را برطرف کند. از طرف دیگر، تعدّی‌ها و تجاوزهای ستمکارانِ ستم‌پیشه که افساد در روی زمین برای آنان شغلِ افتخارآمیز تلقی شده است، همواره در کمین انسان‌های بی‌دفاعِ آمادهٔ سرکشی و طغیان است؛ تنها عدل و رحمتِ بی‌پایانِ توست که بر ظرفیت و تحمل ما می‌افزاید و ما را بر آن همه موانعِ زندگی چیره می‌سازد. خودخواهیِ خودکامگانِ تاریخ، از آغاز زندگی اجتماعی انسان‌ها در روی زمین، همواره فضای جوامع را برای ناتوانان و بینوایان، آلوده به ترس و وحشت نموده است. اگر استحکام بسیار بالای طبیعتِ حیاتِ انسان‌ها که با حکمت بالغهٔ خداوندی تعبیه شده است، نبود، این بیم و هراس، زندگی در روی زمین را برمی‌چید؛ به این ترتیب که نخست نیرومندان، ناتوانان را از زندگی ساقط می‌کردند، سپس به همان ملاکِ «پیروزی نیرومندان بر ناتوانان»، قوی‌تران هم آن نیرومندان را

تضعیف می‌نمودند و به قول انسان‌شناسانی مانند **توماس هابس**، تنها «لِویاتان»ها[1] در روی زمین پرسه می‌زدند! پروردگارا ! تا آن جا که عنایاتِ ربانیِ تو مقتضی است، عوامل ترس و وحشت بندگانت را که از هر طرف به وسیلهٔ درّندگان خودخواه، سر برمی‌آورند، با اصول و ارزش‌های انسانی آشنا فرما. اگر پلیدی‌های آنان در حدّی است که از قابلیّت عنایات و الطافِ الهیِ تو ساقط شده‌اند، به خودشان مشغول بدار و اگر حکمت ربّانی تو اقتضاء کند، آنان را از صفحهٔ روزگار برانداز.

بارالها ! با قدرتِ مطلقهٔ خود، منِ ناتوان را که عوامل ضعف در برابر نیروهای هویٰ و هوس و غرایز حیوانی احاطه‌ام کرده‌اند، حراست فرما.

روزی‌های حیات‌بخشی را که در اختیار من گذاشته‌ای، مبارک فرما؛ باشد که دست به لقمه‌های حرام نیالایم و در تحصیل آن‌ها بر حقوق دیگران تعدّی نکنم. ساعات و روزها و شب‌های زندگی ما انسان‌ها چنان نیست که همواره تواناییِ حفظِ مستقیمِ اشیاء یا انسان‌هایی را که تحت حمایت و تربیت ما هستند، حراست کنیم. اوقاتی وجود دارند که ما از حفظ و نگهداری آن‌چه تعلقی به ما دارد، عاجزیم. در آن موقع است که از خداوند بینا و شنوا و ناظر بر همهٔ هستی و محیط به آن مسئلت می‌داریم که خود با لطف عمیمی که دارد، از رفتن آن‌ها از دست ما که موجب خسارت می‌شود، جلوگیری فرماید.

خداوندا ! رحم و فیض خداوندی‌ات را شامل حالم فرما، تا همواره نیاز خود را به تعالی و نقص خود را در برابر کمالاتی که امکان رسیدن به آن‌ها را در نهادم قرار داده‌ای، دریابم و در صدد رفع آن برآیم. در عین حال، ما را

۱ـ لویاتان، حیوان بسیار بزرگی است که همهٔ حیوانات کوچک را طعمهٔ خود می‌کند. برخی از لغت‌شناسان می‌گویند: لویاتان یعنی نهنگ دریا.

از خواری ذلّت در میان مردم، که موجبِ شکستِ شخصیت و ناهنجاری‌های گوناگون می‌شود، حفظ فرما.

کریم خداوندا! گناهانی که از ما سر می‌زند، ما را از پیشگاه ربوبی تو دور می‌کند و هر گاه درون ما را تیرگی‌های معاصی و زشتی‌ها تاریک می‌سازد، هیچ کس جز تو نیست که ما را از عواقب آن گناهان و تیرگی‌های درونی نجات دهد. در این هنگام است که ما با ناله‌ها و مناجات‌هایی که جملهٔ اولین و آخرین آن‌ها: یَا إِلٰهَ الْعَاصِینَ (ای خدای گنهکاران) است، سراغ پیشگاه تو را می‌گیریم و تویی که ما را از سقوط در ورطهٔ نومیدی‌ها نجات می‌بخشی.

بارالها! مرا جز به بارگاهِ کبریاییِ خود نیازمند مفرما، زیرا:

دست گیری نتوان داشت توقّع ز غریق   کاهل [1] دنیا همه درمانده‌تر از یکدگرند

مردمی که من به آنان روی خواهم آورد، یا نزدیکان من هستند که اگر هم روزی چند بر مبنای عوامل طبیعی یا ثانوی با من بپیوندند، سرانجام روزی فرا خواهد رسید که از من قطع کنند و دنبال منافع خود را گیرند. یا اگر دشمن باشند، خاصیّت بیگانگی آن‌ها، از تکیه و اطمینان بر آنان مانع خواهد شد. همه می‌دانیم که:

با هر که نَفَس برآرم این جا   روزیش فرو گذارم این جا

منسوب به نظامی

آفریدگارا! تویی پروردگار و مالکِ مطلق من. اگر بخواهم با احساس تکلیف و وظایفِ مقرّر خود در این دنیا حرکت کنم و عدالت و حقیقت را پیشهٔ خود سازم، تنها خواهم ماند. برای من قدرتی عنایت فرما تا از تنهایی

۱ـ که اهل.

و دوریِ منزل و بیمناک بودن آن نهراسم؛ این زندگی را پیشگاه تو بدانم و با انسِ عنایاتِ تو، با احساس تنهایی، اندوهی به خود راه ندهم. اگر اَعمال من موجب فرود آمدن غضب تو شود، هیچ کس توانایی برگرداندن آن را ندارد. توفیقی را شامل حالم فرما تا موجبات غضب تو را فراهم نیاورم. در همهٔ احوال می‌دانم که مغفرت و رحمت و کَرَم و بخشایش تو از همه چیز وسیع‌تر و برای وجود من فراگیرتر از همه کس و همه چیز است.

۲۷ـ فَأَسْأَلُكَ يا رَبِّ بِنُورِ وَجْهِكَ الَّذي أَشْرَقَتْ لَهُ الأَرْضُ وَالسَّماوَاتُ وَكُشِفَتْ بِهِ الظُّلُماتُ وَصَلُحَ بِهِ أَمْرُ الأَوَّلِينَ وَالاخِرِينَ أَنْ لا تُميتَني عَلى غَضَبِكَ وَلا تُنْزِلَ بِي سَخَطَكَ لَكَ الْعُتْبى لَكَ الْعُتْبى حَتّى تَرْضى قَبْلَ ذلِكَ.

بار پروردگارا! تو را با توسّل به نور جمالت که زمین و آسمان را روشن ساخته و تاریکی‌ها به وسیلهٔ آن برطرف گشته و امور اول و آخرِ همهٔ مخلوقات، تنظیم و اصلاح شده است، مسئلت می‌دارم که مرا در حال قهر و غضبت از دنیا مبر و خصومت خود را بر من فرود نیاور. آری، تنها از الطافِ خاصّ توست که پیش از فرود آمدن غضب، از بندگانت راضی شوی و بازگشت از غضب و قهر فرمایی، تا خشنود گردی.

پروردگارا! سوگند به نور جمالت، نخست مشاهدهٔ نورِ فراگیرِ جمالت را که زمین و آسمان‌ها را روشن ساخته و تاریکی‌ها به وسیلهٔ آن برطرف گشته، ما را دیده‌ای بینا عنایت فرما، تا چونان نادانی نباشیم که با روشناییِ ناچیز، نورِ آفتابِ جهان‌افروز را می‌جوید!

به راستی:

زهی نادان که او خورشید تابان — به نور شمع جوید در بیابان

شیخ محمود شبستری

***

ما نمی‌خواهیم غیر از دیده‌ای دیدهٔ تیزی گشی بگزیده‌ای
بعد از این ما دیده خواهیم از تو بس تا نپوشد بحر را خاشاک و خس[۱]

خداوندا! این حقیقت را برای ما قابل فهم و تفهیم به خویشتنِ ما کن:

ندهی اگر به او دل، به چه آرمیده باشی؟
نگزینی اَر غم او، چه غمی گزیده باشی؟
نظری نهان بیفکن، مَگَرش عیان ببینی
گَرش از جهان نبینی، به جهان چه دیده باشی؟

ملّا محسن فیض کاشانی

آن نورِ باعظمت را نصیبِ بیناییِ ما فرما که به دیدارِ ملکوتِ آفاق و انفس نایل شویم و نظامِ عالیِ هستی را دریابیم. آن‌گاه به همان نورِ هستی‌بخشِ تو که چراغ وجود را برافروخته، سوگند یاد می‌کنیم ما را در حالی که از ما خشنود نیستی، نمیران. اگر رضایت تو شامل حال ما نشود، خسارتِ ابدیِ هجران و فراق دیدار تو، ما را به نهایت پستی ساقط خواهد کرد.

۲۸ـ لا إلهَ إلّا أنْتَ رَبَّ الْبَلَدِ الْحَرامِ وَالْمَشْعَرِ الْحَرامِ وَالْبَيْتِ الْعَتيقِ الَّذي أحْلَلْتَهُ الْبَرَكَةَ وَجَعَلْتَهُ لِلنّاسِ أمْناً.

خدایی جز تو، ای خدای شهر مقدّس (مکّه) و شهر حرام و بیت قدیم که آن را مبارک ساخته و برای مردم مأمن قرار دادی، وجود ندارد.

ما را قدردان این بیت مقدّس قرار بده و از آیات و مزایای عالیِ طواف و سعی و وقوف‌ها و الغای همهٔ آلایش‌ها به وسیلهٔ احرام و دیگر مناسک حج برخوردار فرما. چه عبادتی بالاتر از گسیختن از همهٔ علایق و تمنّیات دنیا و

۱ـ مثنوی معنوی، دفتر ششم.

تصفیهٔ شخصیت و آن را شایستهٔ برنهادن در پیشگاه خدا ـ که حج نامیده می‌شود ـ وجود دارد؟ آدمی تنها در هنگام حضور در آن بیت‌اللّه است که می‌تواند بگوید:

سر خوانِ وحدت آن دم که دم از صفا زدم من
به سر تمام مُلک و ملکوت پا زدم من
در دیدِ غیر بستم، بت خویشتن شکستم
ز سبوی یار مستم، که می وِلا زدم من
پی حکّ نقش کثرت ز جریدهٔ هیولیٰ
نتوان نمود باور که چه نقش‌ها زدم من
در دیر بود جایم، به حرم رسید پایم
به هزار در زدم تا در کبریا زدم من
قدم وجود در بارگه قِدَم نهادم
عَلَم شهود در پیشگه خدا زدم من
پی فرش‌های استبرق جنّت حقایق
ز بساط سلطنت رَسته به بوریا زدم من

حکیم صفا اصفهانی

۲۹ـ یا مَنْ عَفا عَنْ عَظیمِ الذُّنُوبِ بِحِلْمِهِ یا مَنْ أَسْبَغَ النَّعْماءَ بِفَضْلِهِ یامَنْ أَعْطَى الْجَزيلَ بِكَرَمِهِ یاعُدَّتي في شِدَّتي یاصاحِبي في وَحْدَتي یاغِیاثي في كُرْبَتي یاوَلِیِّي في نِعْمَتي یاإِلٰهي وَإِلٰهَ آبائي إِبْراهیمَ وَإِسْمٰعیلَ وَإِسْحٰقَ وَیَعْقُوبَ وَرَبَّ جَبْرَئيلَ وَمیكائیلَ وَإِسْرافیلَ وَرَبَّ مُحَمَّدٍ خاتَمِ النَّبِیّینَ وَآلِهِ الْمُنْتَجَبینَ وَمُنْزِلَ التَّوْراةِ وَالانْجیلِ وَالزَّبُورِ وَالْفُرْقانِ وَمُنَزِّلَ كهیعص وَطٰه وَیس وَالْقُرْآنِ الْحَكیمِ أَنْتَ كَهْفي حینَ تُعْیِینِي الْمَذاهِبُ في سَعَتِها وَتَضیقُ بِيَ الْأَرْضُ بِرُحْبِها

وَلَوْلا رَحْمَتُكَ لَكُنْتُ مِنَ الْهالِكينَ وَأَنْتَ مُقيلُ عَثْرَتي وَلَوْلا سَتْرُكَ إيّايَ لَكُنْتُ مِنَ الْمَفْضوحينَ وَأَنْتَ مُؤَيِّدي بِالنَّصْرِ عَلى أَعْدائي وَلَوْلا نَصْرُكَ إيّايَ لَكُنْتُ مِنَ الْمَغْلوبينَ.

ای خداوندی که با صبر و حلم خود، گناهان بزرگِ ما را مورد عفو قرار دادی! ای خداوندی که با احسانِ ربّانی خود، نعمت‌ها را ارزانی فرمودی و با کَرَم خود، عطاهای بزرگ افاضه نمودی. ای آن که یاری و نصرت او ذخیرهٔ سختی‌های ماست. ای همدمِ تنهایی‌های ما، ای پناه‌دهندهٔ بندگان در مشقّت‌ها. ای ولی‌نعمت من، ای خدای پدرانم ابراهیم و اسحق و اسماعیل و یعقوب و خدای جبرئیل و میکائیل و اسرافیل، خدای محمد خاتم پیامبران و اولاد برگزیدهٔ او (ص)! ای فرستندهٔ تورات و انجیل و زبور و قرآن و نازل‌کنندهٔ کهیعص و طه و یس والقران الحکیم! تویی پناه‌دهندهٔ من در آن هنگام که راه‌های مختلفِ زندگی مرا ناتوان می‌کنند و زمین با پهنای بسیاری که دارد، برای من تنگ می‌آید. و اگر رحمت تو نبود، من از هلاک‌شدگان بودم. تویی که خطای مرا از تلازم کیفر دور می‌کنی و اگر پرده روی گناهان من نمی‌کشیدی، قطعاً من از گروه رسواشدگان می‌شدم. تویی که مرا در پیروزی به دشمنانم یاری فرمودی و اگر لطف تو نبود، من از مغلوب‌شدگان بودم.

خداوندا ! با این ناتوانی که ما در مهار کردن غرایز حیوانی داریم؛ با این غفلت و نسیانی که از بی‌اعتنایی به عظمت حیات، اوقات زندگی ما انسان‌ها را فرا می‌گیرد، جز حکمت ربوبی و عفو و حلمِ الهیِ تو، چیزی توانایی محوِ گناهانِ بزرگ و آثار آن‌ها را ندارد. کیمیای اصلیِ تبدیلِ اعیان به دست توست.

ای خدای پاک بی‌انباز[1] و یار　　دست گیر و جُرم ما را در گذار

۱- بی‌همتا.

نیایش امام حسین ﷺ در صحرای عرفات ☰ ۷۱

یاد ده ما را سخن‌های رقیق / که تو را رحم آورد آن ای رفیق
هم دعا از تو، اجابت هم ز تو / ایمنی از تو، مهابت هم ز تو
گر خطا گفتیم، اصلاحش تو کُن / مُصلحی تو، ای تو سلطان سُخُن
کیمیا داری که تبدیلش کنی / گرچه جوی خون بود، نیلش کنی
این چنین میناگری‌ها کار توست / این چنین اکسیرها ز اسرار توست[۱]

در هنگام سختی‌ها، آن‌گاه که فضای درونِ مرا تاریکی‌ها فرا می‌گیرد و امیدها از همه جا قطع می‌شود و آرزوها و انتظارها ـ همه و همه ـ از بین می‌روند و هیچ روزنه‌ای برای ارائهٔ روشنایی دیده نمی‌شود، دیگربار نوری حیات‌بخش از کوی رحمتِ پروردگاریِ تو درخشیدن می‌گیرد، چنان که گویی ناخودآگاه در انتظارش بودیم. در این هنگام است که حیات جدیدی در کالبد ما دمیده می‌شود و دنیا چهرهٔ آشیانهٔ محبوب خود را برای ما آشکار می‌کند.

خدایا، ای پیشگاهِ تو پناهگاهِ همهٔ پناهندگان! در هنگام هجوم امواج اندوه‌ها، ما را در کنف حمایت پروردگاری خود، به آسایش و راحتی نایل فرما.

ای معبودِ مطلقِ من، ای خدای پدرانم **ابراهیم**، **اسحق**، **اسماعیل**، **یعقوب**، و خدای **جبرئیل**، **میکائیل**، **اسرافیل**، و خدای **محمد**ﷺ خاتم پیامبران و اولاد برگزیدهٔ او! ای فرستندهٔ کتاب‌های آسمانی تورات و انجیل و زبور و قرآن و نازل‌کنندهٔ **کهیعص**، **طٰه**، یس والقران الحکیم، تویی آن خداوندِ پناه‌دهندهٔ من در آن موقع که طرق و عرصه‌های وسیع زندگی و حتی زمین با آن وسعتش برای من تنگ و تاریک می‌شود و هیچ علاج و چاره و درمانی برای آن ناگواری‌ها که از هر طرف احاطه‌ام کرده‌اند، دیده

۱ـ مثنوی معنوی، دفتر دوم.

نمی‌شود. در آن ساعات و روزها که:

از هر طرف که رفتم، جز حیرتم نیفزود
زنهار از این بیابان، وین راه بی‌نهایت
حافظ

در آن لحظات، به هر جا می‌نگرم، آن را چونان دیوارهای قفسی می‌بینم که فاصلهٔ سیم‌هایش، اگرچه روشنایی می‌نماید، ولی این فاصله، نجات‌دهندهٔ مرغِ جانِ من نیست. در آن موقع است که با زمزمهٔ بیت زیر:

ز خنده‌رویی گردون فریبِ رحم مخور که رخنه‌های قفس رخنهٔ رهایی نیست

سر به بالا نموده و منتظر باران رحمت تو می‌مانم که بی‌نیاز از عوض و مبادله، به گل‌های پژمردهٔ درونِ بندگانت می‌فرستی و دیگر بار آن‌ها را احیا می‌کنی.

بارالها ! تویی آن بخشایندهٔ بزرگ که لغزش‌هایم را از دستِ انتقام و نتایجِ ناگوارِ آن‌ها، بازمی‌گیری و نمی‌گذاری پرده‌ها برداشته شود و رسوایی مهلک، آبرو و شرف و حیثیت مرا به باد فنا بسپارد. در برابر دشمنانی که از همه جا احاطه‌ام کرده‌اند، تویی که یاری و نصرت را بر من می‌فرستی تا از زجر و شکنجهٔ شکست و زوال در امان بمانم.

۳۰ـ یامَن خَصَّ نَفْسَهُ بِالسُّمُوِّ وَالرِّفْعَةِ فَأَوْلِیاؤُهُ بِعِزِّهِ یَعْتَزُّوْنَ یامَنْ جَعَلَتْ لَهُ الْمُلُوْکُ نِیرَ الْمَذَلَّةِ عَلی أَعْناقِهِمْ فَهُمْ مِنْ سَطَواتِهِ خائِفُونَ یَعْلَمُ خائِنَةَ الأَعْیُنِ وَ ما تُخْفِي الصُّدُورُ وَغَیْبَ ماتَأْتِي بِهِ الْأَزْمِنَةُ وَالدُّهُوْرُ یامَنْ لا یَعْلَمُ کَیْفَ هُوَ إِلَّا هُوَ یامَنْ لایَعْلَمُ ما هُوَ إِلَّا هُوَ یامَنْ لا یَعْلَمُهُ إِلَّا هُوَ یامَنْ کَبَسَ الْأَرْضَ عَلَی الْماءِ وَسَدَّ الْهَواءَ بِالسَّماءِ یامَنْ لَهُ أَکْرَمُ الأَسْماءِ یا ذَا الْمَعْرُوْفِ الَّذي لا یَنْقَطِعُ أَبَداً.

بارپروردگارا! تویی آن خداوندی که عظمت و عُلوّ مطلق را به ذات و صفات خود اختصاص داده است که دوستانت با انتساب به تو، به عزت نایل شده‌اند. ای خدایی که پادشاهان، طوق ذلت در مقابل او به گردن انداخته‌اند که از سطوت و هیمنهٔ او در بیم و هراسند! خداوندی که بر نگاه از گوشه، چشم‌ها و آن‌چه را که سینه‌ها آن را پنهان می‌دارند، داناست.

ای آن ذات اقدس که هیچ کس جز خود او چگونگیِ او را نمی‌داند! ای آن ذات بی‌نهایت که کسی جز خودِ او، آگاهی به ذات او ندارد! آن خدایی که دریاها را بر زمین احاطه داد و فضا را با آسمان‌ها محدود کرد. باعظمت‌ترین اسماء از آنِ اوست. ای احسانگری که احسان و نیکی‌هایش هرگز قطع نمی‌شود!

۳۱ـ یا مُقَیِّضَ الرَّکْبِ لِیوُسُفَ فِي الْبَلَدِ الْقَفْرِ وَمُخْرِجَهُ مِنَ الْجُبِّ وَجاعِلَهُ بَعْدَ الْعُبُودِیَّةِ مَلِکًا یا رادَّهُ عَلی یَعْقُوبَ بَعْدَ أَنِ ابْیَضَّتْ عَیْناهُ مِنَ الْحُزْنِ فَهُوَ کَظیمٌ یاکاشِفَ الضُّرِّ وَالْبَلْوی عَنْ أَیُّوبَ وَیا مُمْسِکَ یَدَيْ إِبْراهیمَ عَنْ ذِبْحِ إِبْنِهِ بَعْدَ کِبَرِ سِنِّهِ وَفَناءِ عُمْرِهِ یامَنِ اسْتَجابَ لِزَکَرِیّا فَوَهَبَ لَهُ یَحْیی وَلَمْ یَدَعْهُ فَرْدًا وَحیدًا یامَنْ أَخْرَجَ یُونُسَ مِنْ بَطْنِ الْحُوتِ یامَنْ فَلَقَ الْبَحْرَ لِبَني إِسْرائیلَ فَأَنْجاهُمْ وَجَعَلَ فِرْعَوْنَ وَجُنُودَهُ مِنَ الْمُغْرَقینَ یامَنْ أَرْسَلَ الرِّیاحَ مُبَشِّراتٍ بَیْنَ یَدَيْ رَحْمَتِهِ یامَنْ لَمْ یَعْجَلْ عَلی مَنْ عَصاهُ مِنْ خَلْقِهِ یامَنِ اسْتَنْقَذَ السَّحَرَةَ مِنْ بَعْدِ طُولِ الْجُحُودِ وَقَدْ غَدَوْا في نِعْمَتِهِ یَأْکُلُونَ رِزْقَهُ وَیَعْبُدُونَ غَیْرَهُ وَقَدْ حادُّوهُ وَنادُّوهُ وَکَذَّبُوا رُسُلَهُ.

ای نگه‌دارندهٔ کاروان مصر برای نجات یوسف در بیابانِ بی‌آب و علف و بیرون آورندهٔ او از چاه و رسانندهٔ او به سلطنت!

ای برگردانندهٔ یوسف به یعقوب پس از آن‌که چشمانش از اندوه سفید شد و

غم و غصه‌اش را به دل زد!
ای برطرف‌کنندهٔ ضرر و ابتلا از ایّوب و نگه‌دارندهٔ دست‌های ابراهیم از ذبح فرزندش پس از رسیدن به پیری و قرار گرفتنِ زندگی‌اش در معرض فنا و زوال!
ای آن که دعای زکریا را اجابت کرد و یحیی را به او عنایت فرمود و او را تنها نگذاشت!
ای خداوندی که یونس را از شکم ماهی بیرون آوردی و ای توانای مطلق که دریا را برای بنی‌اسرائیل شکافته و آنان را از ستم فرعون نجات دادی و فرعون و لشکریانش را در همان دریا غرق کردی!
ای خداوند رحمن و رحیم! تویی که بادها را بشارت‌دهندهٔ رحمتش می‌فرستد و آن‌گاه بندگانش را مشمول رحمت خود می‌سازد.
ای دانا و توانا که سرچشمهٔ فناناپذیر صبر، از صفاتِ عالیِ توست؛ برای کشیدن انتقام از گنهکاران شتاب نمی‌کنی.
ای نجات‌دهندهٔ ساحران فرعونی پس از انکار وجود تو در زمان طولانی؛ ساحرانی که در نعمت‌هایت غوطه‌ور بودند و روزیِ تو را می‌خوردند و غیر از تو را می‌پرستیدند و با او از درِ خصومت و شرک وارد شدند و پیامبران تو را تکذیب نمودند.

عظمت و کبریا، عزّت و صفات علیا، همه از آنِ خداوند ذوالجلال است و کسی را توانایی و یارای شرکت در آن‌ها با خدا نیست.

یک آگاهی روشن‌بینانه می‌خواهد که انسان به ناچیزی و ناتوانیِ مطلقِ خود در برابر آن ذات اقدس اعتراف نماید. آری:

این همه گفتیم لیک اندر بسیچ — بی‌عنایاتِ خدا هیچیم، هیچ
بی‌عنایاتِ حق و خاصانِ حق — گر مَلَک باشد، سیاهستش ورق
ای خدا ای قادرِ بی‌چند و چون — واقفی بر حال بیرون و درون

ای خدا، ای فضل تو حاجت روا　　با تو یاد هیچ کس نَبْوَد روا
این قَدر ارشاد تو بخشیده‌ای　　تا بدین بس عیب ما پوشیده‌ای
قطرهٔ دانش که بخشیدی ز پیش　　متصل گردان به دریاهای خویش
قطرهٔ علم است اندر جان من　　وارهانش از هوا وز خاک تن[۱]

چه نابخردند آن بی‌خبران از معنای ارتباطِ باعظمت و کبریای خداوندی که می‌گویند: انسان باید روی پای خود بایستد و در زندگی استقلال داشته باشد و به چیزی تکیه نکند، حتی به خداوند عزّ و جل!! بهترین سخن برای پاسخ اینان اگر از گوش شنوا برخوردار باشند، این است که باید نخست مفهوم خدا و عظمت و جلال او را درمی‌یافتند، سپس به شناخت انسان توفیق پیدا می‌کردند و آن‌گاه ارتباط انسان با خدا را می‌فهمیدند. این ارتباط از مقولهٔ تکیهٔ یک ضعیف به یک قوی با ادامهٔ ضعف و ناتوانی نیست، بلکه تکیهٔ یک ناتوان به آن توانای مطلق است که هر لحظه می‌تواند خود را در معرض بهره‌برداری از آن قدرتِ مطلق درآورد. تاکنون کسی در این حقیقت تردیدی نکرده است که انبیاء و ائمه و اولیای راستین که تکیه به خدا داشته‌اند، نیرومندترین مردمان بوده‌اند. یک نگاه راستین به **علی‌بن ابی‌طالب** ﷺ کافی است این حقیقت را اثبات کند که این بزرگِ بزرگان، بعد از خاتم انبیاء ﷺ، قدرتمندترین فردِ تاریخِ بشری بوده است که زمامداریِ بیش از ده کشور را ناچیزتر از یک لنگه کفش می‌داند، جز در صورتی که حقّی را احقاق و باطلی را نابود کند. او مالک خویشتن بود. او هرگز از انبوه دشمنان بیمی به دل راه نداد. هم او بود که به صراحت دربارهٔ دشمنانش فرمود:

اِنّی وَاللّهِ لَوْ لَقیتُهُمْ واحِداً وَ هُمْ طِلاعُ اْلاَرْضِ کُلِّها ما وَلَّیْتُ وَ ما

۱ـ مثنوی معنوی، دفتر اول.

اسْتَوْحَشْتُ.[۱]

سوگند به خداوند! اگر من به تنهایی با آن تبهکاران در حالی که همهٔ روی زمین را پر کرده‌اند، رویاروی شوم، هیچ پروایی نخواهم داشت و هیچ وحشتی به خود راه نخواهم داد.

این که همه از آن خداوندِ غالب و قاهر باید بیمناک باشند، بدان معنی نیست که او مخلوقات خود را با قهر و غضبی که در ما انسان‌ها برای انتقام‌جویی یا خودخواهی‌ها بروز می‌کند، منکوب می‌کند، زیرا او نیازی بر آفرینش مخلوقات ندارد و تنها برای افاضهٔ فیض و خیرات و کمالات، آن‌ها را به وجود آورده است. انتقام‌گیری و خودخواهی برای او هیچ مفهومی ندارد، بلکه این نتایجِ اَعمال و حرکات و گفتار و اندیشه‌های ماست که بر مبنای قانون خداوندی گریبان ما را می‌گیرد.

هم‌چنین تأویلِ قد جَفَّ الْقَلَم — بهرِ تحریض است بر شغلِ اَهَم
پس قلم بنوشت که هر کار را — لایقِ آن هست تأثیر و جزا
کژ روی، جفّ القلم کژ آیدت — راستی آری، سعادت زایدت
چون بدزدد، دست شد، جفّ القلم — خورد باده، مست شد، جفّ القلم[۲]

خداوندا ! ای برتر از قیاس و گمان و فهمِ ما انسان‌ها. ای منزّه‌تر از هر مفهوم و صفتی که از مخلوقات تو انتزاع نموده و می‌خواهیم آن‌ها را معرّفِ چگونگیِ ذاتِ تو قرار دهیم! کارآییِ حواسّ محدود، ابزار محدود، نیروهای مغزیِ متّکی به این حواس و ابزار ما، هرگز به شناخت آن حقیقتی که فراتر از همهٔ این امور است، نخواهد رسید. آن‌چه مسئلت داریم، این است که دل ما را از انوار ربوبی خود روشن فرمایی.

همان‌گونه که در جملات بعدیِ همین نیایش خواهیم دید، اگر ما خود

۱ـ نهج‌البلاغه ، نامهٔ شمارهٔ ۶۲.

۲ـ مثنوی معنوی، دفتر پنجم.

را در معرض ارتباط با آن وجودِ برین قرار دهیم، لطفِ خداوندیِ او، ما را محروم از دریافتِ فروغِ وجودِ خود نخواهد فرمود.

۳۲ـ یا أللهُ یا أللهُ یا بَدِيُّ یا بَدیعُ لا نِدَّ لَكَ یا دائِمًا لا نَفادَ لَكَ یا حَیًّا حینَ لا حَيَّ یامُحْیِيَ الْمَوْتى یامَنْ هُوَ قائِمٌ عَلى كُلِّ نَفْسٍ بِما كَسَبَتْ یامَنْ قَلَّ لَهُ شُكْري فَلَمْ یَحْرِمْني وَعَظُمَتْ خَطیئَتي فَلَمْ یَفْضَحْني وَرآني عَلَى الْمَعاصي فَلَمْ یَشْهَرْني یامَنْ حَفِظَني في صِغَري یامَنْ رَزَقَني في كِبَري یامَنْ أیادیهِ عِنْدي لاتُحْصى وَنِعَمُهُ لا تُجازى یامَنْ عارَضَني بِالْخَیْرِ وَالاحْسانِ وَعارَضْتُهُ بِالإساءَةِ وَالْعِصْیانِ یامَنْ هَداني لِلْایمانِ مِنْ قَبْلِ أنْ أعْرِفَ شُكْرَ الْإمْتِنانِ یا مَنْ دَعَوْتُهُ مَریضًا فَشَفاني وَعُرْیانًا فَكَساني وَجائِعاً فَأَشْبَعَني وَعَطْشانَ فَأرْواني وَذَلیلاً فَأَعَزَّني وَجاهِلاً فَعَرَّفَني وَوَحیدًا فَكَثَّرَني وَغائِباً فَرَدَّني وَمُقِلّاً فَأَغْناني وَمُنْتَصِرًا فَنَصَرَني وَغَنِیًّا فَلَمْ یَسْلُبْني وَأمْسَكْتُ عَنْ جَمیعِ ذلِكَ فَابْتَدَأني فَلَكَ الْحَمْدُ وَالشُّكْرُ یامَنْ أقالَ عَثْرَتي وَنَفَّسَ كُرْبَتي وَأجابَ دَعْوَتي وَسَتَرَ عَوْرَتي وَغَفَرَ ذُنُوبي وَبَلَّغَني طَلِبَتي وَنَصَرَني عَلى عَدُوّي وَإنْ أعُدَّ نِعَمَكَ وَمِنَنَكَ وَكَرائِمَ مِنَحِكَ لا اُحْصیها.

خدایا، خداوندا! ای به وجود آورندهٔ مخلوقات، بی‌سابقهٔ هستی. مانندی برای تو وجود ندارد. ای آن که دوام و بقاء ابدی در ذات توست؛ ای زندهٔ حقیقی که هیچ زنده‌ای سبقت بر تو ندارد! ای زنده‌کنندهٔ مردگان؛ خداوندی که پایدار کنندهٔ هر نفسی به آن‌چه که اندوخته است. با شکر اندکی که به او دارم، مرا از نعمت‌هایش محروم نمی‌کند. گناهی بزرگ مرتکب شدم، رسوایم نفرمود. مرا در معصیت‌ها مشاهده نمود و آن‌ها را برای مردم آشکار نساخت. در دوران کودکی حفاظت نموده و در بزرگی روزی‌ام داد. عزیزا، معبودا، ای پروردگاری که احسان‌هایش برای من به شمارش درنیاید و نعمت‌هایش فراتر از شکر و

سپاس است. حلیم خداوندا ! که تمامی طول عمرم با خیر و احسان، روی به من نمودی و من با بدی و معصیت با تو مواجه شدم.
خداوندا ! هدایتگرا ! راهنمای آگاهی که پیش از آن که شکر احسان را بشناسم، مرا هدایت به ایمان فرمود. آن شفابخش بزرگ که بیمار شدم، به وسیلهٔ دعا به بارگاهش، شفایم داد، و برهنه بودم، لباس پوشاند. گرسنه بودم، اشباعم فرمود. تشنه بودم، سیرابم کرد، و ذلیل بودم، عزیزم ساخت. نادان بودم، به من معرفت عنایت فرمود. تنها بودم، تکثیرم کرد. غایب بودم، به وطنم بازگرداند. بینوا شدم، بی‌نیازم ساخت. یاری از او مسئلت نمودم، یاری‌ام کرد. غنی شدم، غنایم را از من سلب ننمود و اگر از دعا و مسئلت در این موارد نیاز، امساک کردم، آن فیّاض علی‌الاطلاق، آغاز به افاضهٔ الطاف فرمود. پس حمد و شکر از آنِ توست ای مسبّب الاسباب بدون سبب؛ ای روشنگر انوار هستی و ای عطاکنندهٔ فضل. ای خداوندی که قلم عفو بر لغزشم می‌کشی و مشقّت و رنجم را برطرف می‌کنی! دعایم را مستجاب و آن‌چه را که مخفی کردنی است، پنهان فرمودی و نیازم را برآوردی و مرا بر دشمنم پیروز ساختی. و اگر نعمت‌ها و احسان‌ها و بخشش‌های گرامی‌ات را بشمارم، ناتوان خواهم ماند.

دستگاه بزرگ خلقت را با تمامی موجودات و قانونمندی‌های آن، بی‌سابقهٔ هستی به وجود آورد و به جریان انداخت. خداوندی که وجودش فراسوی زمان و مکان، و ابدیت و سرمدیّت از ذات اوست. حیات حقیقی از آنِ اوست و اوست حیات‌بخش همهٔ زندگان، چه در ابتدا و چه بعد از مرگ. قیّوم خداوندی که قدرتِ اصلیِ همهٔ کارها و فعالیت‌های آدمیان از اوست که: لاٰ حَوْلَ وَ لاٰ قُوَّةَ اِلاّٰ بِاللّٰهِ. بی‌نیاز مطلقی که شکر و سپاسِ ما را بهای نعمت‌هایش قرار نمی‌دهد. اگر از بینایی بهره‌ای داشته باشیم، ما انسان‌ها برای درکِ نابِ ابتداییِ این الطاف عالیه، حقایقی رویاروی خود داریم. ما

شب و روز، نمودهایی از این حقیقت را می‌بینیم:

گل خندان که نخندد، چه کند؟ علَم از مُشک نبندد، چه کند؟
ماه تابان به جز از خوبی و ناز چه نماید، چه پسندد، چه کند؟
آفتاب اَر ندهد تابش و نور پس بدین نادره گنبد چه کند؟

مولوی

ستّار و ودود پروردگارا ! گناهانی را انجام دادم، تو پرده بر روی آن‌ها انداختی. حلیم و حکیم خداوندا ! چگونه با تو از درِ نیایش درآیم و سرِ سخن باز کنم که روی آن را ندارم؟ چگونه دست مسئلت به بارگاه تو بردارم که همواره در برابر خیر و احسان و تکریم تو بدی‌ها کرده و معصیت‌ها نموده‌ام؟

ای هدایت‌کنندهٔ همهٔ هدایت‌شده‌ها و ای به راه اندازندهٔ همهٔ رهروانِ راهِ کمال! پیش از آن که به وسیلهٔ شکر و سپاس، استحقاقِ نعمتِ ایمان را پیدا کنم، مرا به ایمان هدایت فرمودی.

در این نیایشِ بسیار باعظمت که از پیشتازِ شهیدانِ راهِ حقّ و حقیقت - امام حسین علیه‌السلام - به یادگار مانده است، در مواردی متعدد، اعتراف به خطا و معصیت و طلب عفو از خدا دربارهٔ آن‌ها دیده می‌شود. از این‌رو، این مسئله جای بحث است که اگرچه آن حضرت مانند دیگر انبیاء و ائمه علیهم‌السلام مرتکب هیچ گونه گناهی نشده است، علت چیست که آن پیشوایان، این همه اصرار بر اعتراف به بدی‌ها و گناهان و طلب آمرزش آن‌ها را از خداوند سبحان مطرح می‌کنند؟

برای پاسخ به این مسئله باید توجه کرد که اعترافات معصومین علیهم‌السلام را در دو قسمت می‌توان تحلیل کرد:

یکم - مربوط به استعداد خطاست که در ممکن الوجود (موجودات غیر

از واجب الوجود که خداست) وجود دارد، زیرا اگر استعدادِ خطا نباشد، اطاعت و تقوا و جمیعِ حرکاتِ تکاملی، جبری است، که خارج از فضیلت و ارزش‌هاست که بدون اختیار قابل تحقق نیست. بنابراین، معنای اعتراف به خطا و اظهار توجه و ندامت، در حقیقت، توجه به آن خطاها و نارواییهایی است که معصوم در حرکتِ تکاملیِ اختیاری می‌بیند و از آلوده شدن به یکایک آن‌ها به خدا پناه می‌بَرَد و توبه می‌کند.

دوم ـ یک معنای بسیار عالی را نشان می‌دهد که عبارت است از احساس وحدتی فوق طبیعی میان پیشوایانِ کمال‌یافته و انسان‌هایی که در این دنیا در مسیر کمال در حرکتند، ولی گاهی خطاها و گناهانی ـ البته نه در حدّ شرک و تجرّی و دیگر گناهانِ تباه‌کننده ـ از انسان‌ها سر می‌زند. این معنا را می‌توان از آن دو روایت منقول در *اصول کافی* استفاده کرد که از **امام صادق (ع)** نقل شده است:

اَلْمُؤْمِنُ أَخُوا الْمُؤْمِنِ کَالْجَسَدِ الْوَاحِدِ إِنِ اشْتَکَی شَيْئاً مِنْهُ وُجِدَ أَلَمُ ذٰالِکَ فِي سَائِرِ جَسَدِهِ وَ أَرْوَاحُهُما مِنْ رُوحٍ وَاحِدَةٍ وَ إِنَّ رُوحَ الْمُؤْمِنِ لَأَشَدُّ اِتِّصَالاً بِرُوحِ اللّٰهِ مِنْ اِتِّصَالِ شُعَاعِ الشَّمْسِ بِها.[1]

مؤمن برادر مؤمن است مانند [اعضای] جسد واحد؛ اگر عضوی ناله کند، دردِ آن عضو را در دیگر اعضای جسدش درمی‌یابد. و ارواح مؤمنان از یک روح هستند، و روح مؤمن به روح خداوند، از اتّصالِ شعاع خورشید به خورشید، متّصل‌تر است.

امام صادق (ع) خطاب به مردم فرمود:

ما لَکُمْ تَسُوؤُنَ رَسُولَ اللّٰهِ (ص) فَقالَ رَجُلٌ کَیْفَ نَسُوؤُهُ؟ فَقالَ: أَ ما تَعْلَمُونَ أَنَّ أَعْمالَکُمْ تُعْرَضُ عَلَیْهِ فَإِذا رَأَی فِیها مَعْصِیَةً ساءَهُ ذٰلِکَ فَلا

۱ـ اصول کافی، محمدبن یعقوب کلینی، ج ۲ / ۱۶۶ و ۲۱۹ و ۲۲۰.

تَسوؤُ رَسولَ اللّهِ وَ سُرُّوهُ.[۱]

چرا رسول خدا ﷺ را ناراحت می‌کنید؟ مردی گفت: چگونه او را ناراحت می‌کنیم؟ فرمود: اعمال شما به آن حضرت عرضه می‌شود. پس وقتی معصیتی در آن اعمال ببیند، ناراحت می‌شود. او را ناراحت نکنید، بلکه او را مسرور سازید.

دو روایت دیگر در همین مضمون از امام محمد باقر و امام رضا ﷺ با تطبیق به آیهٔ شریفهٔ زیر است:

وَ قُلِ اعْمَلُوا فَسَيَرَى اللَّهُ عَمَلَكُمْ وَ رَسُولُهُ وَ الْمُؤْمِنُونَ وَ سَتُرَدُّونَ إِلَى عَالِمِ الْغَيْبِ وَ الشَّهَادَةِ فَيُنَبِّئُكُمْ بِمَا كُنْتُمْ تَعْمَلُونَ.[۲]

بگو: هر کاری که می‌خواهید، انجام بدهید. زود باشد که خدا و رسول خدا عمل شما را خواهد دید (نتیجه‌اش را خدا به شما نشان خواهد داد.)

بنا بر احادیث یادشده، دعای معصومین ﷺ و اعتراف آنان به خطا و ابراز تأثّر و ندامت، در حقیقت، بیان‌کنندهٔ تأثّر آن پیشوایان از اعمالِ زشتِ مردمِ خطاکار و توبه و ندامت برای اصلاح حال آنان است.

۳۳ـ يا مَوْلايَ أنْتَ الَّذي مَنَنْتَ أنْتَ الَّذي أنْعَمْتَ أنْتَ الَّذي أحْسَنْتَ أنْتَ الَّذي أجْمَلْتَ أنْتَ الَّذي أفْضَلْتَ أنْتَ الَّذي أكْمَلْتَ أنْتَ الَّذي رَزَقْتَ أنْتَ الَّذي وَفَّقْتَ أنْتَ الَّذي أعْطَيْتَ أنْتَ الَّذي أغْنَيْتَ أنْتَ الَّذي أقْنَيْتَ أنْتَ الَّذي آوَيْتَ أنْتَ الَّذي كَفَيْتَ أنْتَ الَّذي هَدَيْتَ أنْتَ الَّذي عَصَمْتَ أنْتَ الَّذي سَتَرْتَ أنْتَ الَّذي غَفَرْتَ أنْتَ الَّذي أقَلْتَ أنْتَ الَّذي مَكَّنْتَ أنْتَ الَّذي أعْزَزْتَ أنْتَ الَّذي أعَنْتَ أنْتَ الَّذي عَضَدْتَ أنْتَ الَّذي أيَّدْتَ أنْتَ الَّذي نَصَرْتَ أنْتَ الَّذي شَفَيْتَ أنْتَ الَّذي عافَيْتَ أنْتَ الَّذي أكْرَمْتَ تَبارَكْتَ وَتَعالَيْتَ فَلَكَ الْحَمْدُ دائِمًا وَلَكَ الشُّكْرُ واصِبًا أبَدًا ثُمَّ أنَا يا إلهي

۱ـ همان، ج ۱ / ۲۱۹.

۲ـ سورهٔ توبه، آیهٔ ۱۰۵.

الْمُعْتَرِفُ بِذُنُوبِي فَاغْفِرْها لِي أَنَا الَّذي أَسَأْتُ أَنَا الَّذي أَخْطَأْتُ أَنَا الَّذي هَمَمْتُ أَنَا الَّذي جَهِلْتُ أَنَا الَّذي غَفَلْتُ أَنَا الَّذي سَهَوْتُ أَنَا الَّذي اعْتَمَدْتُ أَنَا الَّذي تَعَمَّدْتُ أَنَا الَّذي وَعَدْتُ أَنَا الَّذي أَخْلَفْتُ أَنَا الَّذي نَكَثْتُ أَنَا الَّذي أَقْرَرْتُ أَنَا الَّذي اعْتَرَفْتُ بِنِعْمَتِكَ عَلَيَّ وَعِنْدي وَأَبُوءُ بِذُنُوبِي فَاغْفِرْها لي يامَنْ لا تَضُرُّهُ ذُنُوبُ عِبادِهِ وَهُوَ الْغَنِيُّ عَنْ طاعَتِهِمْ وَالْمُوَفِّقُ مَنْ عَمِلَ صالِحًا مِنْهُمْ بِمَعُونَتِهِ وَرَحْمَتِهِ.

ای مولای من! تویی که به من احسان فرمودی، انعامم کردی، نیکی نمودی، فضل و کرامت نصیبم ساختی و نعمت‌هایت را به اکمال رساندی، به من روزی دادی، توفیقم عنایت فرمودی، غنایم بخشیدی، سرمایهٔ اکتساب مرحمت فرمودی، پناهم دادی. در مهمّات کفایتم کردی، مرا به راه راست هدایت فرمودی، از لغزش‌ها حفظم نمودی، عیوبم را پوشاندی، مورد مغفرتم قرار دادی. نتایج گناهانم را محو کردی، مرا در زندگی متمکّن ساختی. عزّتم بخشیدی و یاری‌ام فرمودی، کمکم کردی، تأییدم نمودی، شفا و عافیتم عنایت کردی، برخوردار از اکرامم فرمودی. تویی خالقِ برکات و تویی موجود برین. حمد دائمی از آنِ تو و شکر و ستایش برای ابد شایستهٔ توست.

پس بارالها، من به گناهانم اعتراف می‌نمایم؛ آن‌ها را مشمول مغفرتت فرما. مهربان خداوندا! منم که بدی کردم، مرتکب خطا شدم، تصمیم به گناه گرفتم. نادانی نمودم، دچار غفلت گشتم، مبتلی به سهو شدم. به خویشتن تکیه کردم. تعمّد در گناه روا داشتم، وعده کردم و تخلف نمودم، عهدشکنی کردم، اقرار به خطایم کردم، اعتراف به نعمت نمودم، بار دیگر مرتکب معصیت‌ها شدم. عفو و مغفرت خود را شامل حالم فرما، ای خداوندِ بخشایشگری که گناهانِ بندگانش ضرری به او نمی‌زند و اوست خداوندِ بی‌نیاز از اطاعت آنان و توفیق‌دهندهٔ هر کسی از بندگانش که به یاری و رحمت او، عمل صالح انجام می‌دهد.

ای همیشه حاجت ما را پناه   بار دیگر ما غلط کردیم راه
صد هزاران دام و دانه است ای خدا   ما چو مرغان حریص بینوا
دم به دم پا بستهٔ دام نویم   هر یکی گر باز و سیمرغی شویم[۱]

۳۴ـ فَلَكَ الْحَمْدُ إلهي وَسَيِّدي إلهي أَمَرْتَني فَعَصَيْتُكَ وَنَهَيْتَني فَارْتَكَبْتُ نَهْيَكَ فَأَصْبَحْتُ لا ذا بَراءَةٍ لي فَأَعْتَذِرُ وَلا ذا قُوَّةٍ فَأَنْتَصِرُ فَبِأَيِّ شَيءٍ أَسْتَقْبِلُكَ يا مَوْلايَ أَبِسَمْعي أَمْ بِبَصَري أَمْ بِلِساني أَمْ بِيَدي أَمْ بِرِجْلي أَلَيْسَ كُلُّها نِعَمَكَ عِنْدي وَبِكُلِّها عَصَيْتُكَ يا مَوْلايَ فَلَكَ الْحُجَّةُ وَالسَّبيلُ عَلَيَّ يا مَنْ سَتَرَني مِنَ الآباءِ وَالأُمَّهاتِ أَنْ يَزْجُرُوْني وَمِنَ الْعَشائِرِ وَالإخْوانِ أَنْ يُعَيِّرُوْني وَمِنَ السَّلاطينِ أَنْ يُعاقِبُوْني وَلَو اطَّلَعُوْا يا مَوْلايَ عَلى مَا اطَّلَعْتَ عَلَيْهِ مِنّي إذاً ما أَنْظَرُوني وَلَرَفَضُوني وَقَطَعُوني فَها أَنَا ذا يا إلهي بَيْنَ يَدَيْكَ يا سَيِّدي خاضِعٌ ذَليلٌ حَصيرٌ حَقيرٌ لا ذوُ بَراءَةٍ فَأَعْتَذِرُ وَلاذوُ قُوَّةٍ فَأَنْتَصِرُ وَلا حُجَّةٍ فَأَحْتَجُّ بِها وَلا قائِلٌ لَمْ أَجْتَرِحْ وَلَمْ أَعْمَلْ سُوءًا وَما عَسَى الْجُحُوْدُ وَلَوْ جَحَدْتُ يا مَوْلايَ لايَنْفَعُني كَيْفَ وَأَنّى ذلِكَ وَجَوارِحي كُلُّها شاهِدَةٌ عَلَيَّ بِما قَدْ عَمِلْتُ وَعَلِمْتُ يَقينًا غَيْرَ ذي شَكٍ أَنَّكَ سائِلي مِنْ عَظائِمِ الأُمُوْرِ وَأَنَّكَ الْحَكَمُ الْحَكيمُ الْعَدْلُ الَّذي لا تَجُورُ وَعَدْلُكَ مُهْلِكي وَمِنْ كُلِّ عَدْلِكَ مَهْرَبي فَإنْ تُعَذِّبْني ياإلهي فَبِذُنُوْبي بَعْدَ حُجَّتِكَ عَلَيَّ وَإنْ تَعْفُ عَنّي فَبِحِلْمِكَ وَجُودِكَ وَكَرَمِكَ.

سپاس و ستایش مر تو راست ای معبود و مولای من! امر فرمودی، امر تو را نافرمانی کردم. مرا نهی فرمودی، نهی تو را مرتکب شدم. اکنون نه شایستهٔ تبرئه از سوی تو هستم تا پوزشی بطلبم و نه قدرتی دارم که از تو یاری

۱ـ مثنوی معنوی، دفتر اول.

بخواهم. حال، ای مولای من، با چه رویی با پیشگاهت مواجه شوم؟ آیا با گوشم، با چشمم، با زبانم، با دستم، با پایم؟ مگر این اعضا، نعمت‌های تو نبود که به من عطا فرموده بودی و من با همهٔ آن‌ها تو را معصیت نمودم! مولای من، حجت علیه من و راه برای مؤاخذهٔ من از آنِ توست.

ای پروردگارِ جهانِ هستی! عیوب و نواقص مرا از پدران و مادران پوشیده داشتی که زجرم ندهند و از قبیله و برادران هم مخفی فرمودی تا برای من عیب نگیرند و از قدرتمندان پوشاندی تا عذابم ندهند. اگر ای مولای من، اینان از وضع من اطلاع داشتند، همان‌گونه که تو دانایی، مهلتم نمی‌دادند و مرا طرد می‌کردند و رابطهٔ خود را از من می‌گسیختند.

اینک، ای مالک و معبود من! در پیشگاهت ایستاده‌ام، خاضع ذلیل، حقیر، نه شایستهٔ تبرئه‌ای که پوزش بطلبم و نه دارای قدرتی که از وی یاری بجویم. حجت و دلیلی ندارم که به وسیلهٔ آن، حجت بیاورم و نمی‌توانم گناهی را که مرتکب شده‌ام، منکر شوم و بگویم من آن عملِ زشت را انجام نداده‌ام. چنین انکاری چه سودی به حال من دارد، در صورتی که تمامی اعضایم به عملی که انجام داده‌ام، شاهدند؟ در یقین من شکّ و تردید وجود ندارد که تو از همهٔ حوادث و امور بزرگ از من سؤال خواهی کرد. تویی آن حاکمِ دادگر که هرگز ستم نمی‌کند. عدالتِ محضِ تو، مرا که مرتکب تباهی‌ها شده‌ام، هلاک خواهد کرد. من از دادگری تو به عدالت کلّی تو که منشأ لطف و کرم توست، پناه خواهم برد.

داورا، دادگرا! اگر عذابم کنی، در نتیجهٔ گناهانی است که مرتکب شده‌ام و علت این عذاب شامل حال من است، و اگر با دست عفو و کرمت قلم بخشش بر گناهانم بکشی، مقتضای حلم و جود و کرم توست.

۳۵ـ لا إِلهَ إِلّا أَنْتَ سُبْحانَكَ إِنّي كُنْتُ مِنَ الظّالِمينَ لا إِلهَ إِلّا أَنْتَ سُبْحانَكَ إِنّي كُنْتُ مِنَ الْمُسْتَغْفِرينَ لا إِلهَ إِلّا أَنْتَ سُبْحانَكَ إِنّي كُنْتُ مِنَ الْمُوَحِّدينَ لا

إلهَ إلّا أنْتَ سُبْحانَكَ إنّي كُنْتُ مِنَ الْخائِفينَ لا إلهَ إلّا أنْتَ سُبْحانَكَ إنّي كُنْتُ مِنَ الْوَجِلينَ لا إلهَ إلّا أنْتَ سُبْحانَكَ إنّي كُنْتُ مِنَ الرّاجينَ لا إلهَ إلّا أنْتَ سُبْحانَكَ إنّي كُنْتُ مِنَ الرّاغِبينَ لاإلهَ إلّا أنْتَ سُبْحانَكَ إنّي كُنْتُ مِنَ الْمُهَلِّلينَ لا إلهَ إلّا أنْتَ سُبْحانَكَ إنّي كُنْتُ مِنَ السّائِلينَ لا إلهَ إلّا أنْتَ سُبْحانَكَ إنّي كُنْتُ مِنَ الْمُسَبِّحينَ لا إلهَ إلّا أنْتَ سُبْحانَكَ إنّي كُنْتُ مِنَ الْمُكَبِّرينَ لا إلهَ إلّا أنْتَ سُبْحانَكَ رَبّي وَرَبُّ آبائِي الْأَوَّلينَ

خدایی جز تو نیست، پاک پروردگارا، من از ستمکارانم.

خدایی جز تو نیست، من از استغفار کنندگانم.

خدایی جز تو نیست، من از موحّدینم.

خدایی جز تو نیست، من از قهر تو ترسانم.

خدایی جز تو نیست، من از سطوت و سیطرهٔ تو بیمناکم.

خدایی جز تو نیست، من از امیدوارانم.

خدایی جز تو نیست، من از مشتاقان شهودِ جمال و کمال تو هستم.

خدایی جز تو نیست، من از معتقدان توحید و یگانه‌پرستانم.

خدایی جز تو نیست، من از سائلانِ درگاهِ کبریای توام.

خدایی جز تو نیست، من از تسبیح‌کنندگانم.

خدایی جز تو نیست، پاک پروردگارا، من از تکبیر گویانم.

خدایی جز تو نیست، تویی خدای من و پدران گذشتهٔ من.

سرور شهیدانِ راهِ حقّ و حقیقت، امام حسین ﷺ، با تکرار این جمله: «خدایی جز تو نیست، پاک پروردگارا»، مطالبی را به بارگاه خداوندی عرضه می‌کند و آن‌چه راکه در اعماق قلب مبارکش بوده است، با تذکر به وحدانیّت و خلّاقیّت و پرورندگی خداوندی، با کمال صفا و قاطعیّت ابراز می‌نماید. او هنگامی که عرض می‌کند: «من از استغفارکنندگانم»، آن‌چه را که در دل دارد و مورد ایمان اوست، بیان می‌کند. وقتی که می‌گوید: «من از

مشتاقانِ شهودِ جمال و کمال تو هستم»، در حقیقت، موجی از اشتیاق شهود از قلب نازنینش سر می‌کشد و تا بارگاه ربوبی اوج می‌گیرد. بنابراین، اگرچه جملات در ظاهر تکراری به نظر می‌رسد، ولی در حقیقت، مفاهیم آن‌ها امواجی است که به دنبال هم سرمی‌کشند و به ابدیت صعود می‌کنند.

۳۶ـ أللّٰهُمَّ هذا ثَنائي عَلَيْكَ مُمَجِّدًا وَإِخْلاصي لِذِكْرِكَ مُوَحِّدًا وَإِقْراري بِآلائِكَ مُعَدِّدًا وَإِنْ كُنْتُ مُقِرًّا أَنّي لَمْ أُحْصِها لِكَثْرَتِها وَسُبُوغِها وَتَظاهُرِها وَتَقادُمِها إِلىٰ حادِثٍ ما لَمْ تَزَلْ تَتَعَهَّدُني بِهِ مَعَها مُنْذُ خَلَقْتَني وَبَرَأْتَني مِنْ أَوَّلِ الْعُمْرِ مِنَ الْإِغْناءِ بَعْدَ الْفَقْرِ وَكَشْفِ الضُّرِّ وَتَسْبيبِ الْيُسْرِ وَدَفْعِ الْعُسْرِ وَتَفْريجِ الْكَرْبِ وَالْعافِيَةِ فِي الْبَدَنِ وَالسَّلامَةِ فِي الدّينِ وَلَوْ رَفَدَني عَلىٰ قَدْرِ ذِكْرِ نِعْمَتِكَ جَميعُ الْعالَمينَ مِنَ الْأَوَّلينَ وَالْآخِرينَ ما قَدَرْتُ وَلا هُمْ عَلىٰ ذٰلِكَ تَقَدَّسْتَ وَتَعالَيْتَ مِنْ رَبٍّ كَريمٍ عَظيمٍ رَحيمٍ لا تُحْصىٰ آلاؤُكَ وَلا يُبْلَغُ ثَناؤُكَ وَلا تُكافىٰ نَعْماؤُكَ صَلِّ عَلىٰ مُحَمَّدٍ وَآلِ مُحَمَّدٍ وَأَتْمِمْ عَلَيْنا نِعَمَكَ وَأَسْعِدْنا بِطاعَتِكَ.

بارالها ! این است شکر و سپاس من برای تمجید و تعظیم تو، و این است اخلاص من برای ابراز توحید تو. این است اقرار من به نعمت‌های تو که برشمردم، اگرچه اعتراف می‌کنم که بنا به نامحدود بودن و فراوانی و وضوح و قدمت آن‌ها نتوانسته‌ام شمارشم را به نهایت برسانم. بار پروردگارا ! نعمت‌هایی را پیش از ورودِ من به اقلیم وجود و از آغاز خلقتم به من عنایت فرمودی و از اول زندگی‌ام، فقرم را به غنا مبدّل ساختی و ضرر را از من دفع و عوامل سهولت و دفع دشواری‌ها و برطرف کردن مشقت‌ها و عافیت در بدن و سلامت در دین را نصیبم فرمودی. ای مولای من، اگر همهٔ جهانیان از اولین و آخرین آن‌ها، مرا به ذکرِ قدرِ نعمت‌هایت یاری نمایند، نه من توانایی آن را

دارم و نه آنان قدرت آن را خواهند داشت. ای پروردگار کریم و عظیم و مهربان! نعمت‌هایت قابل شمارش نبوده و فراتر از پاداش است. خدایا! چگونه ستایشت کنم، با این‌که به ستایشت، آن‌گونه که شایستهٔ توست، نتوان رسید.

درود بر محمد و آل محمد بفرست و نعمت‌هایت را بر ما تکمیل و با توفیق اطاعتت ما را سعادتمند فرما.

در این هنگام، سرور شهیدان، فخرِ یگانه‌پرستان، سرسلسلهٔ نیایشگرانِ پیشگاهِ ربوبی، حضرت **حسین‌بن علی** (ع) دیگر بار موقعیت بندگی خود را در برابرِ معبودِ مطلقِ جهان هستی شهود می‌کند و درمی‌یابد و این که در آن مکان و فضای مقدس (صحرای عرفات)، حالی او را در بر گرفته که او خویشتنِ خالصِ خود را در ارتباط با خالق کائنات، در حالی که از رگ گردن به او نزدیک‌تر است، درک می‌نماید و با صراحت اعتراف می‌کند که اگر همهٔ جهانیان، از اولین آن‌ها گرفته تا آخرین آن‌ها، با او هم‌صدا باشند و یکدیگر را یاری کنند تا قدر و منزلت و ارزش و اندازهٔ نعمت‌های مادّی و معنوی را که خداوند به آنان عنایت فرموده است، بیان کنند، توانایی آن را نخواهند داشت.

سعادت در اطاعت اوست. آری، کسانی که در این دنیا خوشی‌ها و کاموری‌های مادی را سعادت تلقی می‌کنند، محروم‌ترین مردم از سعادت واقعی هستند. اگر امکان داشت، لحظاتی این‌گونه مردم را با وجدان خویش روبرو می‌کردید و از آنان می‌خواستید که همهٔ تصورات و تخیّلات و آمالِ تیره و تار و آلودهٔ خود را کنار بزنند و با آن وجدان صاف و خالص، سؤال شما را پاسخ گویند، به طور قطع، بر سعادتِ از دست‌رفتهٔ خویشتن تأسف‌ها می‌خوردند و آه‌های سوزان از اعماق دل برمی‌آوردند. در این حال، کار خود را شروع کنید. یعنی پس از آن که توانستید آنان را با آیینهٔ

حق‌نمای وجدانِ صافِ خویش رویاروی نمایید، آهسته آهسته از آنان بپرسید: آیا در این‌باره فکر کرده‌اید که برای تهیهٔ وسایل عیش و نوشِ لذت‌بار شما، چه محرومیّت‌هایی که باید بینوایانِ دور و نزدیک متحمّل شوند؟ آری:

دَه تـن از تـو زردروی و بینوا خُسبد همی
تا به گلگون می، تو روی خویش را گلگون کنی

ناصرخسرو

از آنان بپرسید: آیا می‌دانید هر اطاعتی که از غرایزِ حیوانیِ شما سرمی‌زند، نوعی رکود به فعالیت‌های عقلانی وارد می‌شود؟

بی‌تردید، شما هم مانند دیگر آگاهان از «منِ» خویش، می‌دانید که همان‌گونه که همهٔ اجزای جهانِ برونی برای خود اصل و قانونی دارد، جان آدمی هم برای خویشتن اصل و قانونی دارد. حال، پرداختن به آن قسم از خوشی‌ها و لذایذی را که سدّ راهِ «حیات و جانِ قانونمندِ» آدمی است، با کدام منطق تفسیر می‌کنید؟

آیا تاکنون از فکر شما خطور نکرده است که خوشی‌ها و لذایذ محدود و نسبیِ جهانِ محسوسات، هرگز دارای تواناییِ اشباعِ احساس و اشتیاق به کمال را که مطلق است و وصول به آن نیاز به تلاش و تحمل زحمات و فداکاری‌ها دارد، نیست؟

آیا با توجه به این که زندگیِ بشر بدون پاسخ به سؤالات شش‌گانه: ۱ـ من کیستم؟ ۲ـ از کجا آمده‌ام؟ ۳ـ به کجا آمده‌ام؟ ۴ـ با کیستم؟ ۵ ـ برای چه آمده‌ام؟ ۶ ـ به کجا می‌روم؟ قابل تفسیر و شایستهٔ هدفدار بودن نیست، با این حال، بدون این که پاسخی به این سؤالات آماده نموده و حیات خود را بر طبق آن پاسخ به جریان بیندازید، خود را سعادتمند می‌دانید؟

آیا اتفاق افتاده است که در حالت هشیاری ـ نه هنگام مستی‌های متنوع ـ لحظاتی در این اندیشه باشید که هم‌اکنون که من خوشی‌ها و لذایذِ شخصیِ خود را آرمان مطلق برای زندگی‌ام تلقی کرده و در آن‌ها غوطه‌ورم، میلیون‌ها نفر از انسان‌ها در محرومیّت‌های اقتصادی، حقوقی، علمی، فرهنگی، اخلاقی و سیاسی، با جان‌کندن‌های بسیار تلخ که قدرت‌پرستانِ خودکامه، نام آنان را اجزای زندگان ثبت می‌کنند، به سر می‌برند؟ با این همه مسائل، باز خود را سعادتمند می‌دانید؟ به یقین، از معنای سعادت بی‌اطلاع بوده و در محرومیّت از آن به سر می‌برید.

۳۷ـ سُبْحانَكَ لا إلهَ إلّا أنْتَ اللّهُمَّ إنَّكَ تُجيبُ الْمُضْطَرَّ وَتَكْشِفُ السُّوءَ وَتُغيثُ الْمَكْرُوْبَ وَتَشْفِي السَّقيمَ وَتُغْني الْفَقيرَ وَتَجْبُرُ الْكَسيرَ وَتَرْحَمُ الصَّغيرَ وَتُعينُ الْكَبيرَ وَلَيْسَ دُوْنَكَ ظَهيرٌ وَلا فَوْقَكَ قَديرٌ وَأنْتَ الْعَلِيُّ الْكَبيرُ يامُطْلِقَ الْمُكَبَّلِ الْأسيرِ يارازِقَ الطِّفْلِ الصَّغيرِ ياعِصْمَةَ الْخائِفِ الْمُسْتَجيرِ يامَنْ لا شَريكَ لَهُ وَلا وَزيرَ صَلِّ عَلى مُحَمَّدٍ وَآلِ مُحَمَّدٍ وَأعْطِني في هذِهِ الْعَشِيَّةِ أفْضَلَ ماأعْطَيْتَ وَأنَلْتَ أحَدًا مِنْ عِبادِكَ مِنْ نِعْمَةٍ تُوْليها وَآلاءٍ تُجَدِّدُها وَبَلِيَّةٍ تَصْرِفُها وَكُرْبَةٍ تَكْشِفُها وَدَعْوَةٍ تَسْمَعُها وَحَسَنَةٍ تَتَقَبَّلُها وَسَيِّئَةٍ تَتَغَمَّدُها إنَّكَ لَطيفٌ بِما تَشاءُ خَبيرٌ وَعَلى كُلِّ شَيْءٍ قَديرٌ اللّهُمَّ إنَّكَ أقْرَبُ مَنْ دُعِيَ وَأسْرَعُ مَنْ أجابَ وَأكْرَمُ مَنْ عَفا وَأوْسَعُ مَنْ أعْطى وَأسْمَعُ مَنْ سُئِلَ يا رَحْمنَ الدُّنْيا وَالْآخِرَةِ وَرَحيمَهُما لَيْسَ كَمِثْلِكَ مَسْؤُوْلٌ وَلا سِواكَ مَأمُولٌ دَعَوْتُكَ فَأجَبْتَني وَسَألْتُكَ فَأعْطَيْتَني وَرَغِبْتُ إلَيْكَ فَرَحِمْتَني وَوَثِقْتُ بِكَ فَنَجَّيْتَني وَفَزِعْتُ إلَيْكَ فَكَفَيْتَني اللّهُمَّ فَصَلِّ عَلى مُحَمَّدٍ عَبْدِكَ وَرَسُوْلِكَ وَنَبِيِّكَ وَعَلى آلِهِ الطَّيِّبينَ الطّاهِرينَ أجْمَعينَ وَتَمِّمْ لَنا نَعْماءَكَ وَهَنِّئْنا عَطاءَكَ وَاكْتُبْنا

لَكَ شاكِرينَ لآلائِكَ ذاكِرينَ آمينَ آمينَ رَبَّ الْعالَمينَ اللّهُمَّ يامَنْ مَلَكَ فَقَدَرَ وَقَدَرَ فَقَهَرَ وَعُصِيَ فَسَتَرَ وَاسْتُغْفِرَ فَغَفَرَ ياغايَةَ الطّالِبينَ الرّاغِبينَ وَمُنْتَهى أَمَلِ الرّاجينَ يامَنْ أَحاطَ بِكُلِّ شَيْءٍ عِلْماً وَوَسِعَ الْمُسْتَقيلينَ رَأْفَةً وَرَحْمَةً وَحِلْماً.

پاک پروردگارا! خداوندی جز تو نیست. خدایا! تویی که بندگانِ مضطرِّ خود را اجابت فرموده و ناگواری را از آنان برطرف می‌کنی و غوطه‌وران در اندوه را نجات می‌دهی و بیمار را شفا و فقیر را بی‌نیاز و شکسته را جبران و کودک را مورد ترحّم و بزرگسالان را یاری می‌دهی. کسی را جز تو، یار و پشتیبانی نیست و قدرتمندی بالاتر از تو وجود ندارد.

خداوندا! عُلّوِ مرتبه و بزرگیِ مطلق از آنِ توست؛ ای رهایی‌بخشِ اسیرانِ فشرده در زنجیر، ای روزی‌دهندهٔ کودک شیرخوار، ای پناه‌دهندهٔ گرفتارانِ ترس و وحشت که پناهندهٔ بارگاه تو شده‌اند. ای خداوند بزرگ که شریک و وزیری برای او نیست، درود بر محمد و آل محمد بفرست و در این هنگام که شب فرا می‌رسد، از بهترین عطایایی که بنده‌ای از بندگانت را مورد عنایت قرار داده‌ای، به من نیز محبت فرما؛ نعمتی که آشکار می‌بخشی، نعمت‌هایی در باطن که آن‌ها را تجدید می‌نمایی. بلایی که برمی‌گردانی، مصیبتی که برطرف می‌کنی و دعایی که می‌شنوی و اجابت می‌فرمایی و عمل نیکی که آن را قبول می‌نمایی و گناهی که آن را می‌پوشانی.

تویی آن خداوندِ آگاه که لطفت شامل هر چیزی که بخواهی، می‌شود و تو بر همه چیز توانایی.

خداوندا! تویی نزدیک‌ترین کسی که می‌توان او را دعوت نمود و تویی کسی که سریع‌تر از همه، مسئلتِ بندگان را اجابت می‌کنی و کریم‌ترین کسی که قلم بر خطاها می‌کشی. تویی که گسترده‌ترین عطا از آنِ توست و شنواترین کسی که مورد سؤال قرار می‌گیرد.

ای خدای مهربان و ای منبع رحمت در دنیا و آخرت! جز تو کسی اجابت‌کنندهٔ مسئلت‌ها نیست و جز تو کسی برای آرزوها وجود ندارد. تو را خواندم، اجابتم کردی. مسئلت نمودم، عطایم فرمودی. رغبت به تو نمودم، مرا مورد رحمت قرار دادی. در ناملایمات و سختی‌ها، اعتماد به تو نمودم، نجاتم دادی. ناله و زاری به پیشگاهت کردم، کفایتم فرمودی. درود بر محمد، بنده و رسول و پیامبر گرامی‌ات و بر دودمان پاک و پاکیزهٔ او بفرست و نعمت‌هایت را بر ما تکمیل و عطایت را بر ما گوارا فرما و ما را از جملهٔ شکرگزاران و یادآوران نعمت‌هایت قرار بده. آمین، آمین، ای پروردگار جهانیان!

خداوندا! ای کسی که مالکِ جهان و توانا بر آن هستی، و ای توانایی که غلبهٔ مطلق از آنِ توست. ای ستّارِ مهربان که معصیت می‌شود و تو آن را با آن محبت الهی می‌پوشانی. ای مقصودِ نهاییِ مشتاقانِ بارگاهش و ای غایتِ آرزوی امیدوارانش. ای خداوندی که علمش بر همه چیز احاطه دارد و رأفت و رحمت و حلم او فراگیرِ همهٔ خطاکارانی است که به امید بخشش به درگاهش روی می‌آورند!

در این نیایش، مانند دیگر آیات قرآنی و نیایش‌ها و دعاها، نجات انسان‌ها از اضطرار، ناگواری، اندوه، بیماری، فقر، شکست و امثال این ناملایمات، به خداوند سبحان نسبت داده شده است. دربارهٔ این نسبت، به مطلب مهمی باید توجه کنیم:

آیا در مواردی که انسان‌ها از ناملایمات نجات پیدا می‌کنند، به وسیلهٔ دخالت خداوندی است؟ یا علل و عوامل است که مؤثر واقع می‌شوند و بندگان خدا را نجات می‌دهند؟

پاسخ این سؤال با توجه به این که قراردهندهٔ سببیّت‌ها در علل و عوامل، خداوند متعال می‌باشد، بسیار آسان است؛ به این معنی که خداوند

سبحان مسبّب‌الاسباب است که سببیّت‌ها را در اسباب و علل قرار می‌دهد؛ همان‌گونه که نگه‌دارندهٔ روابط موجود میان اجزای قوانینِ حاکم در جهان هستی، به خداوند متعال مستند است. این، همان تفسیر مقبول دربارهٔ ماهیّت قوانین است که با یک توضیح کامل می‌تواند به عنوان مفسّرِ نهاییِ قوانین باشد.

به ابیات زیر دقت کنید:

سنگ بر آهن زنی آتش جهد — هم به امر حق قدم بیرون نهد
آهن و سنگِ ستم بر هم مزن — کاین دو می‌زایند هم‌چون مرد و زن
سنگ و آهن خود سبب آمد ولیک — تو به بالاتر نگر ای مرد نیک
کاین سبب را آن سبب آورد پیش — بی‌سبب کی شد سبب هرگز به خویش؟
این سبب را آن سبب عامل کند — باز گاهی بی‌بر و عاطل[1] کند
وآن سبب‌ها کانبیا را رهبر است — آن سبب‌ها زین سبب‌ها برتر است
این سبب را محرم آمد عقل ما — وآن سبب‌هاراست محرم انبیا
این سبب چبْوَد؟ به تازی گو رسن — اندر این چه این رسن آمد به فن
گردش چرخ این رسن را علّت است — چرخ گردان را ندیدن زلّت[2] است[3]

۳۸ـ اللّٰهُمَّ إِنّا نَتَوَجَّهُ إِلَيْكَ في هذِهِ الْعَشِيَّةِ الَّتي شَرَّفْتَها وَعَظَّمْتَها بِمُحَمَّدٍ نَبِيِّكَ وَرَسُولِكَ وَخِيَرَتِكَ مِنْ خَلْقِكَ وَأَمينِكَ عَلى وَحْيِكَ الْبَشيرِ النَّذيرِ السِّراجِ الْمُنيرِ الَّذي أَنْعَمْتَ بِهِ عَلَى الْمُسْلِمينَ وَجَعَلْتَهُ رَحْمَةً لِلْعالَمينَ اللّٰهُمَّ فَصَلِّ عَلى مُحَمَّدٍ وَآلِ مُحَمَّدٍ كَما مُحَمَّدٌ أَهْلٌ لِذلِكَ مِنْكَ يا عَظيمُ فَصَلِّ عَلَيْهِ وَعَلى آلِهِ الْمُنْتَجَبينَ الطَّيِّبينَ الطّاهِرينَ أَجْمَعينَ وَتَغَمَّدْنا بِعَفْوِكَ عَنّا فَإِلَيْكَ عَجَّتِ

۱ـ عاطل ـ بی‌کار.
۲ـ زلّت ـ لغزش.
۳ـ مثنوی معنوی، دفتر اول.

اْلأَصْواتُ بِصُنُوْفِ اللُّغاتِ فَاجْعَلْ لَنا اللّٰهُمَّ في هذِهِ الْعَشِيَّةِ نَصيبًا مِنْ كُلِّ خَيْرٍ تَقْسِمُهُ بَيْنَ عِبادِكَ وَنوُرٍ تَهْدي بِهِ وَرَحْمَةٍ تَنْشُرُها وَبَرَكَةٍ تُنْزِلُها وَعافِيَةٍ تُجَلِّلُها وَرِزْقٍ تَبْسُطُهُ ياأَرْحَمَ الرّاحِمينَ اللّٰهُمَّ أَقْلِبْنا في هذَا الْوَقْتِ مُنْجِحينَ مُفْلِحينَ مَبْرُورينَ غانِمينَ وَلا تَجْعَلْنا مِنَ اْلقانِطينَ وَلا تُخْلِنا مِنْ رَحْمَتِكَ وَلا تَحْرِمْنا ما نُؤَمِّلُهُ مِنْ فَضْلِكَ وَلا تَجْعَلْنا مِنْ رَحْمَتِكَ مَحْرُومينَ وَلالِفَضْلِ مـانُؤَمِّلُهُ مِـنْ عَطائِكَ قانِطينَ وَلا تَرُدَّنا خائِبينَ وَلا مِنْ بابِكَ مَطْرُودينَ يا أَجْوَدَ اْلأَجْوَدينَ وَأَكْرَمَ اْلأَكْرَمينَ إِلَيْكَ أَقْبَلْنا مُوقِنينَ وَلِبَيْتِكَ الْحَرامِ آمّينَ قاصِدينَ فَأَعِنّا عَلى مَناسِكِنا وَأَكْمِلْ لَنا حَجَّنا وَاعْفُ عَنّا وَعافِنا فَقَدْ مَدَدْنا إِلَيْكَ أَيْـدِيَنا فَـهِيَ بِذِلَّةِ اْلاِعْتِرافِ مَوْسُومَةٌ.

بارالها ! در این لحظات که به غروب آفتاب نزدیک می‌شویم، تو آن را شرف و قداست بخشیده‌ای. توسّل می‌جوییم به محمدﷺ پیامبر و رسول برگزیدهٔ تو از میان مخلوقاتت و امین تو بر وحی که بشارت‌دهنده و تهدیدکننده است. چراغ روشنگری که او را به مسلمانان عنایت فرمودی و آن را برای جهانیان رحمت قرار دادی. خداوندا ! درود بر محمد و آل محمد بفرست، آن چنان درودی که از مقام ربوبی تو شایستهٔ آن است. ای معبودِ باعظمت! درود بر او و جمیع فرزندان برگزیده و پاک و پاکیزهٔ او بفرست و ما را در عفو خود بپوشان. در این موقع از روز که لحظه به لحظه به پایان می‌رسد، صداهای نیایش بندگانت با لغت‌های گوناگون به سوی تو سر می‌کشد.

حال، خداوندا ! در این موقع، از هر خیری که برای بندگانت قسمت می‌کنی، بهره‌ای برای ما قرار بده، و در این وقت، از آن نوری که بندگانت را هدایت می‌کنی و رحمتی که برای آنان منتشر می‌سازی و برکتی که نازل می‌کنی و عافیتی که با آن می‌پوشانی و آن روزی که برای بندگانت می‌گسترانی، ما را نیز مشمول الطافت قرار بده، ای مهربان‌ترین مهربان‌ها.

بارالها! ما را در این لحظات، موفق و رستگار کن، و از امیدی که به فضل تو داریم، محروم نکن و از بَرندگان غنیمت محسوب فرما و ما را از گروه ناامیدان قرار مده و از رحمتِ خود، ما را برکنار مفرما، و ما را از آرزوی کرامت خود محروم نکن و از رحمتت مأیوس مفرما. ما را از بارگاهت ناامید برمگردان و از درگاهت مردود مفرما، ای بخشنده‌ترین بخشایشگرها و باکرامت‌ترین کریمان! در حال یقین، به سوی تو روی آورده و دعوت به خانهٔ باعظمتِ تو را لبیک گفته‌ایم. ما را به اعمال مقرّر یاری فرموده، حجّ ما را تکمیل و ما را مورد عفو و گذشت قرار بده.

پروردگارا! در این لحظات مقدّس، دست‌ها را با اعتراف به خطا به بارگاهت بلند نموده‌ایم؛ دست‌هایی که به ذلت و حقارت اعتراف دارد.

سرور شهیدانِ راهِ عدل و حق و ارزش‌های والای انسانی، در این نیایش‌ها، بارها از یأس و ناامیدی پناه به بارگاه خدا برده است و در جملات فراوان، بر عفو و بخشایش و کَرَم و لطف و عطا و احسان او پناهنده شده و به آن‌ها تمسّک نموده است.

این امام بزرگ و مطیعِ واقعیِ خداوند ـ جلّت عظمته ـ و این شهید عزّت و عظمت و آزادیِ انسان‌ها از قیود و زنجیرهای گرانبار ظلم و ستم و بت‌پرستی‌های برونی و درونی، خدایی را در این نیایش برای بندگان او معرفی می‌کند که هیچ انسانی را عذری برای دوری از حضور در پیشگاه خداوند باقی نمی‌گذارد. این نزدیکی و این حقیقتِ سازنده که خداوند سبحان با آن عظمت و کبریایی که دارد، بندگانش را به مجاورت خود مفتخر فرموده است: وَ هُوَ مَعَكُمْ أَيْنَ مَا كُنْتُمْ[1] (و او با شماست هر کجا که باشید)، باید بشر را در همین زندگی به مرحلهٔ شایستگی خلیفةاللّهی در

۱ـ سورهٔ حدید، آیهٔ ۴.

همهٔ افرادش تحقّق ببخشد.

دوست نزدیک‌تر از من به من است — وین عجب‌تر که من از وی دورم
چه کنم با که توان گفت که او — در کنار من و من مهجورم

منسوب به سعدی

از مجموع منابع اسلامی و دریافت‌های عقلی و وجدانی به این نتیجه می‌رسیم که قهر و غضب الهی، معلول عللی است که خودِ مردم، آن‌ها را به وجود می‌آورند، مانند خطاها، گناهان، ستم، تعدّی، دوری از خدا و غیر آن. پس در حقیقت، منشأ انتزاعِ قهر و غضب خداوندی، اَعمال ناشایستِ خودِ مردم است، نه غضب که صفتِ ذاتیِ خداوند نیست؛ در صورتی که عفو و رأفت و رحمت و کرم و لطف و جود و احسان، منشأی جز ذات حکیم و فیّاض و عادل خداوندی ندارد و می‌توان جملهٔ: سَبَقَتْ رَحْمَتُهُ غَضَبَهُ (رحمت او بر غضبش سبقت دارد) را که در منابع اسلامی آمده، به همین معنی تفسیر نمود. هم‌چنین، در هیچ موردی دیده نشده است که خدا بفرماید: غضب من بر همه چیز سبقت دارد؛ در صورتی که خداوند در گسترش رحمت بر همه چیز چنین می‌فرماید:

رَبَّنَا وَسِعْتَ كُلَّ شَيْءٍ رَحْمَةً وَ عِلْماً.[۱]

ای پروردگار ما! رحمت و علم تو بر همه چیز گسترده است.

۳۹ـ أللّهُمَّ فَأَعْطِنا في هذِهِ الْعَشِيَّةِ ما سَأَلْناكَ وَاكْفِنا مَااسْتَكْفَيْناكَ فَلا كافِيَ لَنا سِواكَ وَلا رَبَّ لَنا غَيْرُكَ نافِذٌ فينا حُكْمُكَ مُحيطٌ بِنا عِلْمُكَ عَدْلٌ فينا قَضاؤُكَ إِقْضِ لَنَا الْخَيْرَ وَاجْعَلْنا مِنْ أَهْلِ الْخَيْرِ اللّهُمَّ أَوْجِبْ لَنا بِجُودِكَ عَظيمَ الْأَجْرِ وَكَريمَ الذُّخْرِ وَدَوامَ الْيُسْرِ وَاغْفِرْ لَنا ذُنُوبَنا أَجْمَعينَ وَلا تُهْلِكْنا مَعَ

۱ـ سورهٔ غافر، آیهٔ ۷.

الْهالِكينَ وَلا تَصْرِفْ عَنّا رَأْفَتَكَ وَرَحْمَتَكَ يا أَرْحَمَ الرّاحِمينَ اللّهُمَّ اجْعَلْنا في هذَا الْوَقْتِ مِمَّنْ سَأَلَكَ فَأَعْطَيْتَهُ وَشَكَرَكَ فَزِدْتَهُ وَتابَ إِلَيْكَ فَقَبِلْتَهُ وَتَنَصَّلَ إِلَيْكَ مِنْ ذُنُوبِهِ كُلِّها فَغَفَرْتَها لَهُ يا ذَالْجَلالِ وَالإِكْرامِ أَللّهُمَّ وَنَقِّنا وَسَدِّدْنا وَاقْبَلْ تَضَرُّعَنا يا خَيْرَ مَنْ سُئِلَ وَيا أَرْحَمَ مَنِ اسْتُرْحِمَ يا مَنْ لا يَخْفى عَلَيْهِ إِغْماضُ الْجُفُونِ وَلا لَحْظُ الْعُيُونِ وَلا مَا اسْتَقَرَّ فِي الْمَكْنُونِ وَلا مَا انْطَوَتْ عَلَيْهِ مُضْمَراتُ الْقُلُوبِ أَلا كُلُّ ذلِكَ قَدْ أَحْصاهُ عِلْمُكَ وَوَسِعَهُ حِلْمُكَ.

خداوندا ! در این موقع که روز به پایان خود نزدیک می‌شود، آن‌چه را که از بارگاه تو مسئلت نمودیم، بر ما عنایت کن و آن‌چه را که کفایت آن را از تو طلب کردیم،کفایت فرما، زیرا برای ما کفایت‌کننده و پرورنده‌ای جز تو وجود ندارد.

حکم تو دربارهٔ ما نافذ و علم تو احاطه بر وجود ما دارد. قضای تو عدل محض است. با قلم قضایت برای ما خیر و کرامت را مقرّر فرما و ما را از اهل خیر قرار بده.

آفریدگارا ! با جود و بخششِ الهیِ خود، پاداش بزرگ و ذخیرهٔ کرامت و دوام سهولت در کارها را برای ما تثبیت فرما و همهٔ گناهان ما را ببخشا و ما را از هلاک‌شوندگان محسوب مفرما.

ای مهربان‌ترین مهربانان! رأفت و رحمت خود را از ما برمگردان. خداوندا ! ما را در این موقع، از آن گروه مورد لطفت قرار بده که اگر مسئلت کرد، عطایش فرمودی. به نعمت‌هایت شکرگزاری نمود، برای او افزودی. به سوی تو توبه کرد، آن را پذیرفتی. از همهٔ گناهان که مرتکب شده بود، تبرّی جسته و یکسره به سوی تو پناهنده شد، همهٔ آن‌ها را بخشیدی. ای خداوند صاحب جلال و عظمت، ما را برای همهٔ کارهای نیک و مورد رضایت، موفق و مؤیّد بفرما. تضرّع و ناله‌های ما را به درجهٔ قبولی برسان؛ ای بهترین کسی که مورد مسئلت قرار می‌گیرد و ای مهربان‌ترین کسی که طلب رحمت از او نمایند.

ای خداوند، ای دانای مطلق که بر هم زدن پلک‌ها و نگاهِ پنهانی از گوشهٔ چشم‌ها، برای او پوشیده نیست و هر آن‌چه که در نهانخانهٔ درون مستقر می‌شود و در لابلای دل‌ها می‌پیچد و مخفی می‌گردد، برای تو پوشیده نیست! قطعی است که همهٔ این نهانی‌ها و مکنونات برای تو آشکار و حلم تو فراگیر و علم تو بر همهٔ آن‌ها محیط است.

۴۰ـ سُبْحانَكَ وَتَعالَيْتَ عَمّا يَقُولُ الظّالِمُونَ عُلُوًّا كَبيرًا تُسَبِّحُ لَكَ السَّماواتُ السَّبْعُ وَالْأَرَضُونَ وَمَنْ فيهِنَّ وَإِنْ مِنْ شَيْءٍ إِلّا يُسَبِّحُ بِحَمْدِكَ فَلَكَ الْحَمْدُ وَالْمَجْدُ وَعُلُوُّ الْجَدِّ يا ذَالْجَلالِ وَالْإِكْرامِ وَالْفَضْلِ وَالْإِنْعامِ وَالْأَيادِي الْجِسامِ وَأَنْتَ الْجَوادُ الْكَريمُ الرَّؤُفُ الرَّحيمُ أَللّهُمَّ أَوْسِعْ عَلَيَّ مِنْ رِزْقِكَ الْحَلالِ وَعافِني في بَدَني وَديني وَآمِنْ خَوْفي وَأَعْتِقْ رَقَبَتي مِنَ النّارِ أَللّهُمَّ لا تَمْكُرْ بي وَلا تَسْتَدْرِجْني وَلا تَخْدَعْني وَادْرَأْ عَنّي شَرَّ فَسَقَةِ الْجِنِّ وَالْإِنْسِ.

پروردگارا ! تو پاک‌تر و بسیار بالاتر از آن هستی که ستمکاران دربارهٔ تو می‌گویند. آسمان‌های هفت‌گانه و زمین‌ها و هر آن‌چه که در آن‌هاست، تسبیح تو می‌گویند؛ بلکه هیچ موجودی نیست، مگر این که برای حمد و ستایشِ مقامِ ربوبی تو، تسبیح گویانند. پس حمد و عظمت و علوّ مقام از آنِ توست ای صاحبِ جلال و بزرگی و فضل و انعام و احسان‌های بزرگ؛ تویی خداوندِ بخشایشگر و کریم و رئوف و مهربان.

ای خداوندِ رزّاق! از روزیِ حلال خود برای معیشتِ من وسعتی عنایت فرما و بدن و دینم را از اختلالات ایمن بدار و از ترس و هراس در امانم نگهدار و گردنم را از آتش دوزخ آزاد فرما. خداوندا ! با علم و قدرتِ تصرّف در همهٔ اموری که داری، گرفتارم نکن و مرا به حال خودم وامگذار و رسوایم مفرما و شرّ تبهکاران جنّ و انس را از من دور فرما.

امام حسین علیه‌السلام، در این جملات از نیایش، روزیِ حلال برای معیشت خویشتن از خدا مسئلت می‌نماید. رسول خدا صلی‌الله‌علیه‌وآله روزی در حال دعا چنین عرض کرد:

أَللّهُمَّ بارِكْ لَنا فِي الْخُبْزِ فَإِنَّهُ لَوْلاَ الْخُبْزُ ما صَلَّيْنا وَ لا صُمْنا وَ لا أَدَّيْنا فَرائِضَ رَبِّنا.[1]

خداوندا ! نان ما را مبارک فرما، زیرا اگر نان نباشد، نه نماز می‌گزاریم و نه روزه می‌گیریم و نه دیگر واجبات پروردگارمان را به جای می‌آوریم.

آیات و احادیثِ شریفه به طور فراوان، ضرورتِ تنظیمِ معاش را گوشزد فرموده است. مگر نه این است که نخست حیات طبیعی باید جریان خود را دریافت کند، سپس حیات روحی؟

مطلب بسیار مهمی که در جملات بالا باید تفسیر شود، این است: «خداوندا ! مرا به حال خود واگذار مکن». بشرِ امروزی از آن هنگام که به جنونِ خودخواهی و خودکامگی مبتلا شد، اولین ضررِ غیر قابل جبران که بر خودش وارد کرد، احساسِ رهاییِ مطلق از همهٔ اصول انسانی و ارزش‌ها بود که پوچی را برای او به ارمغان آورد.

احساس رهایی و پوچی، به ظاهر، دو معلول یک علت به نظر می‌آمد؛ در صورتی که پوچی معلول احساس رهایی، و احساس رهایی معلول خودخواهی بود که قربانی شدن حیات در زیر پای وسایلِ حیات را هم به همراه داشت.

آن‌گاه، آن نورِ دیدهٔ علی‌بن ابی‌طالب علیه‌السلام سر را بلند و دیدهٔ خود را به سوی آسمان دوخت و در حالی که سیل اشک از چشمان مبارکش سرازیر می‌شد، با صدای بلند چنین نیایش نمود:

۱ـ الفروع من الکافی ، محمدبن یعقوب کلینی، ج ۵ / ۷۳.

۴۱ـ يا أَسْمَعَ السّامِعينَ يا أَبْصَرَ النّاظِرينَ وَيا أَسْرَعَ الْحاسِبينَ وَيا أَرْحَمَ الرّاحِمينَ صَلِّ عَلى مُحَمَّدٍ وَآلِ مُحَمَّدٍ السّادَةِ الْمَيامينَ وَأَسْأَلُكَ اللّهُمَّ حاجَتِيَ الَّتي إِنْ أَعْطَيْتَنيها لَمْ يَضُرَّني ما مَنَعْتَني وَإِنْ مَنَعْتَنيها لَمْ يَنْفَعْني ما أَعْطَيْتَني أَسْأَلُكَ فِكاكَ رَقَبَتي مِنَ النّارِ لاإِلهَ إِلّا أَنْتَ وَحْدَكَ لا شَريكَ لَكَ، لَكَ الْمُلْكُ وَلَكَ الْحَمْدُ وَأَنْتَ عَلى كُلِّ شَيْءٍ قَديرٌ يارَبِّ، يارَبِّ، يارَبِّ.

ای شنواترین شنونده‌ها و ای بیناترین بیناها و ای سریع‌ترین حسابگران و ای مهربان‌ترین مهربان‌ها! درود بر محمد و آل محمد که سروران و با برکت‌ترین بندگان تو هستند، بفرست.

ای خدای من، آن حاجتم را از تو مسئلت می‌دارم که اگر آن را به من عطا فرمایی، از آن‌چه که مرا ممنوع ساخته‌ای، ضرری نخواهم دید و اگر مرا از آن حاجت محروم کنی، هر چه که به من عطا فرمایی، سودی به من نخواهد داد. خداوندا ! از تو می‌خواهم گردنم را از آتش آزاد کنی. خدایی جز تو نیست، یگانه‌ای بی‌شریک، ملک و حمد از آنِ توست و تویی توانا بر همه چیز. یا رب، یا رب، یا رب.[۱]

۴۲ـ إِلهي أَنَا الْفَقيرُ في غِنايَ فَكَيْفَ لا أَكُونُ فَقيراً في فَقْري؟

خداوندا ! اگر در عین بی‌نیازی باشم، باز مستمندم، در حالی که سراپا احتیاجم.

خداوندا ! شخصیت انسانی و موجودیّت ما، هر مقدار هم که استقلال و خودساختگی از خویشتن نشان دهد، سرانجام، شالودهٔ آن از همین جهان طبیعت تأمین می‌شود. سراپای وجود ما معلول‌هایی هستند که به وجود عوامل زیادی احتیاج دارند که تحت اختیار ما نیستند و هم‌چنین بسیاری

۱ـ امام حسین ﷺ این ذکر را زیاد تکرار فرمود.

از علل محاسبه‌نشده، نقصِ وجودیِ ما را برای خودِ ما کاملاً اثبات می‌کند. پروردگارا! آن استقلال روحی را به ما عطا فرما که فریبِ از خود بی‌خبران را نخوریم.

این بی‌خبران به ما اندرز می‌دهند که باید در این جهان بدون جستجوی پشتیبان زندگی کنیم. ما هر اندازه هم بی‌نیازی از پشتیبانی را بر خود تلقین کنیم، هرگز نخواهیم توانست زنجیر پیوستهٔ اصول و قوانین طبیعت را از دست و پای خود برکنار کنیم.

اگر افکارِ کوتاهِ آنان لحظاتی به خود بیاید، و اگر شخصیتِ انسانیِ آنان بتواند اندکی از طغیان و سرکشیِ غرایزِ حیوانیِ آنان بکاهد، متوجه خواهند شد که مقصودِ خداجویان و هدفِ خداگویان آن نیست که ما خود را کَر و کور و فلج کنیم، سپس از خدای بزرگ بخواهیم که: خداوندا! برای ما گوش و چشم و اعضای سالمی عنایت فرما.

مگر تن‌پروری و کوشش نکردن در راهِ تقویتِ زندگی، مبارزه با خدا نیست؟ کسی که با خدا در حال پیکار است، چگونه می‌تواند خود را در حال نیایش ببیند؟ ما به مقام شامخ او چنین می‌گوییم: ای خدای بزرگ که به ما نیروی تلاش در زندگی را عطا فرموده‌ای، عنایتی فرما که در تقویتِ این نیرو بکوشیم و آرمان‌های این زندگیِ گذران را در ارتباط بندگی با مقام شامخ تو شکوفان و بارور کنیم.

اگر این نیایش از اعماقِ روحِ ما برخیزد، در حقیقت، ما به هدف اصلی نایل شده‌ایم؛ یعنی به همان اندازه نیروی زندگی را افزایش داده و آرمان زندگی را شکوفان و بارور ساخته‌ایم. این است معنای نیازمندی ما که هر لحظه در تمام ذرات وجود ما احساس می‌شود.

خداوندا! ما به تو روی می‌آوریم و هر لحظه نیازمندی خود را با ارتباط به تو، به بی‌نیازی مبدّل می‌کنیم.

۴۳ـ إلهِي أنَا الْجاهِلُ فِي عِلْمِي فَكَيْفَ لا أكُونُ جَهُولاً فِي جَهْلِي؟

هر چند دانش فرا بگیرم، باز در عین دانایی‌ام، نادانم. چگونه می‌توانم در عین جهلم، نادان نباشم؟

خداوندا! ما می‌خواهیم بدانیم، اما نسبی و محدود بودن دانش‌ها، شناخت ما را از مطلق بودن دور می‌کند و ما هرگز نمی‌توانیم به طور مطلق با واقعیات در تماس باشیم. ما انسان‌ها در تحصیل سود، خوش‌باوریم. آری، بسیار زودباوریم؛ از همین زودباوری‌هاست که روشناییِ مخلوط به تاریکی‌ها را که خودمان هم در ایجاد آن روشنایی بازیگری داشته‌ایم، نور مطلق فرض می‌کنیم. بالاتر از این، به دیگران هم دستور یا توصیه، یا دست کم سفارش می‌کنیم که شما هم در این روشناییِ مطلق ببینید!! و آن‌گاه اگر هم فرض کنیم که با تمام خصوصیات و جزئیات نظامِ گذشته و آیندهٔ بشریت و جهان هستی آشنایی پیدا نمودیم، آیا ما می‌توانیم از حقیقتِ مشیّتِ جاریهٔ خداوندی اطلاعی داشته باشیم؟ البته نه، و به یقین چنین نیست. ما نه تنها به تمام واقعیت جهان هستی آشنا نیستیم، بلکه از سرنوشت یک ذرّهٔ بی‌مقدار هم نمی‌توانیم دقیقاً آگاهی حاصل کنیم، زیرا اگر این توانایی را داشتیم، تمام جهان را می‌شناختیم. آری، این اعترافی تلخ است، ولی چه باید کرد، حقیقت است!

اما وقتی به نادانی خود اعتراف می‌کنیم و شناختِ اندکِ خود را از هویٰ و از آلودگی‌های نفسانی دور می‌کنیم، اتصال آن را به دریای علم تو، ای خداوند دانا، درک می‌کنیم.

بار خداوندا! این سرودِ همیشگیِ ماست:

قطرهٔ دانش که بخشیدی ز پیش　　　متّصل گردان به دریاهای خویش[1]

۱ـ مثنوی معنوی، دفتر اول.

٤٤ـ إلهي إنَّ اْختِلافَ تَدْبيرِكَ وَسُرْعَةَ طَواءِ مَقاديرِكَ مَنَعا عِبادَكَ الْعارِفينَ بِكَ عَنِ السُّكُونِ إلى عَطاءٍ وَالْيَأْسِ مِنْكَ في بَلاءٍ.

ای خدای من! اختلاف تدبیر و سرعتِ در هم پیچیدن سرنوشت‌ها با مشیّتِ پیروزِ تو، بندگان عارفت را از تکیه به عطای موجود و از نومیدی در ناگواری‌ها بازمی‌دارد.

عزیز پروردگارا ! ما دریافته‌ایم که:

هر نَفَس نو می‌شود دنیا و ما — بی‌خبر از نو شدن اندر بقا
عمر هم‌چون جوی نو نو می‌رسد — مستمرّی می‌نماید در جسد[1]

ما درک کرده‌ایم که:

جهان کلّ است و در هر طرفةالعین — عدم گردد و لاٰ یبقیٰ زمانین
دگرباره شود پیدا جهانی — به هر لحظه زمین و آسمانی

شیخ محمود شبستری

هم‌چنان برای ما روشن شده است که تجدید و تنوّع زودگذرِ رابطهٔ انسان با انسان، با اطمینان به بقاء وضعِ موجود ناسازگار است. عوامل محاسبه‌نشده، چنان به سوی ما سرازیر می‌شود که گویی هر لحظه سرنوشت جداگانه‌ای در انتظار ماست. در این حال است که باز به یاد تو می‌افتیم و موقعیتِ خودمان را در جملهٔ کائنات درک می‌کنیم و به این حقیقت که تو به ما تعلیم کرده‌ای، مترنّم می‌شویم:

وَ لاٰ تَقُوْلَنَّ لِشَيْءٍ إنّي فاعِلٌ ذٰلِکَ غَداً إلاّٰ أنْ يَشاءَ اللّٰهُ.[2]

هرگز نگو من فردا فلان کار را انجام خواهم داد؛ مگر این که آن را به مشیّت خداوندی مربوط بسازی.

۱ـ همان.
۲ـ سورهٔ کهف، آیهٔ ۲۳.

٤٥ـ إلهي مِنّي ما يَليقُ بِلُؤْمي وَمِنْكَ ما يَليقُ بِكَرَمِكَ.

ای خدای من! آن‌چه از من در این جهان هستی برمی‌آید، مناسب خُردی و ناتوانی من است و آن‌چه از تو پدیدار می‌شود، زیبندهٔ توست.

من اگر بی‌هنر و بی‌خِردم	خواجه با بی‌خِردی می‌خَرَدَم

شئون و خواصِ هر موجودی، بستگیِ کامل با کیفیّتِ موجودیّتِ وجودیِ آن دارد. یک انسان، هر مقدار هم خود را کامل و مستقل و بی‌نیاز نشان بدهد، اثر نقص و نیازمندی که سراپای وجودش را فرا گرفته، آشکارتر از آن است که بتواند خود را بفریبد.

بی‌نیاز خداوندا! من خود را از تو دارم، من خود را ایجاد نکرده‌ام؛ مشرف به جهان هستی هم نیستم؛ به اجبار آمده‌ام و به اجبار هم خواهم رفت. نیروهای محدودم اجازهٔ فعالیت نامحدود نمی‌دهد. روشناییِ هستی‌ام در مقابل گردبادِ مخوفِ زوال و فنا، به اندازه‌ای محدود می‌تواند مقاومت نشان دهد، همانند چراغ ضعیفی در مقابل توفانِ بنیان‌کن و وحشتناکِ صحرایی.

٤٦ـ إلهي وَصَفْتَ نَفْسَكَ بِاللُّطْفِ وَالرَّأفَةِ لي قَبْلَ وُجودِ ضَعْفي أفَتَمْنَعُني مِنْهُما بَعْدَ وُجودِ ضَعْفي؟

بار پروردگارا! پیش از آن که وجود ضعیفم در جهان هستی نمودار شود، تو خود را با لطف و محبت توصیف فرموده‌ای. آیا پس از آن که وجود ضعیف و ناچیزم ایجاد شد، لطف و محبت خود را از من دریغ خواهی داشت؟

ور بگیری، کیت جست‌وجو کند؟	نقش با نقاش چون نیرو کند؟
منگر اندر ما مکن در ما نظر	اندر اکرام و سخای خود نگر

ما نبودیم و تقاضامان نبود   لطف تو ناگفتهٔ ما می‌شنود[1]

ای پروردگارِ عزیزِ ما! پیش از آن که در تاریکیِ نیستی، چراغ هستی را بیافروزی؛ قبل از آن که مادّه را بسازی و به حرکت درآوری، تقاضاهای غریزی و روانی ما را می‌دانستی. تو می‌دانستی که برای تنفس، هوایی ضرورت دارد؛ آگاه بودی که توالد و تناسل احتیاج به احساس لذت در مقدماتش دارد. آری:

آن خداوندی که معشوق آفرید   سرنوشت عاشق از اول بدید

دیگر برای ما جایی به چون و چرا نمانده است. ما باید به کار و کوشش بپردازیم، زیرا احتیاج به کار و کوشش و صعود به قلّه‌های مرتفعِ تکامل را، تو در ما نهاده‌ای. تسلیم ما به مقتضیات روحی و مادی خود همان و وصول به عالی‌ترین نیروهای حیاتِ اصیل، همان.

بر آستان جانان گر سر توان نهادن   گلبانگ سربلندی بر آسمان توان زد

حافظ

۴۷ـ إلهي إنْ ظَهَرَتِ الْمَحاسِنُ مِنّي فَبِفَضْلِكَ وَلَكَ الْمِنَّةُ عَلَيَّ وَإنْ ظَهَرَتِ الْمَساوِئُ مِنّي فَبِعَدْلِكَ وَلَكَ الْحُجَّةُ عَلَيَّ.

ای خدای من! اگر نیکویی‌هایی از من آشکار شود، از فضل و احسان تو بوده و منّت از توست، و اگر بدی‌ها از من سر بزند، با دادگریِ تو منافاتی ندارد. تو سزاوار بازخواست کردن از ما می‌باشی.

غرایز نفسانی، تعقل و وجدان را در ما ایجاد نموده‌ای و تعدیل و هماهنگ ساختن آن‌ها را از ما طلب می‌کنی. اگر در فعالیت‌های زندگی از

۱ـ مثنوی معنوی، دفتر اول.

وسایلِ گوناگونِ درونی به طور منطقی بهره‌برداری کنیم و کردارهای نیک انجام دهیم، با راهنمایی تو بوده و این تویی که از جهانِ بالا، پیشوایان مافوق‌الطبیعه را برای تکمیل انسان‌ها فرستاده‌ای. هم‌چنین، با نشان دادنِ جهانِ باعظمتِ هستی، ما انسان‌ها را به سوی خود تحریک و ترغیب فرموده‌ای. از این‌جاست که در آشکار شدن خوبی‌ها از ما، سهم اصلی از آنِ توست، ولی اگر ما به بدی‌ها تمایل بورزیم و به زشتی‌ها بگراییم، از آن جا که به ما تعقل و وجدان عطا فرموده و دستورات خود را به ما رسانده‌ای، بنابراین، تمام بدی‌ها به خود ما مستند بوده و بازخواستِ تو دربارهٔ این زشتی‌ها و پلیدی‌ها، روی دادگری تو انجام خواهد گرفت. با این حال، خداوندا ! دست عنایت خود را به سوی این یک مشت خاکِ ناچیز دراز کن و او را از ورطهٔ نفسانی نجات بده.

۴۸ـ إلهي كَيْفَ تَكِلُني وَقَدْ تَكَفَّلْتَ لي وَكَيْفَ أُضامُ وَأَنْتَ النّاصِرُ لي أمْ كَيْفَ أخيبُ وَأَنْتَ الْحَفِيُّ بي؟

ای خدای من ! چگونه مرا یکّه و تنها رها کنی، در صورتی که کفالتم را به عهده گرفته‌ای؟ چگونه ممکن است ستمدیده شوم، در صورتی که تو یاور منی؟ چگونه مأیوس شوم، در حالی که تو مهربان خدای منی؟

قوانینِ جاریه، برای حفظ موجودیت ما در دستِ قدرتِ توست. نیروی هماهنگ‌کنندهٔ کنش‌ها و واکنش‌های درونیِ ما در دستِ قدرتِ توست و شعله‌های ملکوتی وجدان از نفحاتِ ربّانیِ تو فروزان است. آه خداوندا ! سراپای جهان هستی برای ما فریادِ آماده‌باش می‌زند، با این حال، چگونه می‌توانم بگویم ما را به حال خود واگذاشته‌ای؟

ضرورت‌های زندگیِ ما، از جنگل سحرآمیزِ حوادث طبیعی و ساختگیِ دیگران بیرون می‌آید. به عبارتی دیگر: ما زندگی خود را از میان صدها

عوامل مرگ بیرون می‌کشیم.

آیا این ماییم که با عوامل قوی‌تر از موجودیت خود که اغلب محاسبه نشده و یا به کلّی از اختیار ما بیرونند، می‌جنگیم و پیروز می‌شویم؟ نه، ما این توانایی را نداریم. پس این دستِ قدرتِ توست که هر لحظه به سر ما کشیده می‌شود و چند صباحی این قفسِ خاکی را در مقابل عوامل تخریب‌کننده، به صورت یک آشیانه حفظ می‌کند. چون بارگاه مِهرت هر لحظه در نظارهٔ ماست، بر ما ستمی وارد نخواهد شد.

در خلقت ما، هیچ گونه احتیاج و مجهولی برای تو وجود نداشته است. بنابراین، ستم از ناحیهٔ تو دربارهٔ ما امکان‌ناپذیر است. تا مهربان خدایی چون تو، سایهٔ عنایت بر سر ما انداخته است، چرا مأیوس شویم؟

عنایت و لطفِ گستردهٔ تو، اجر و پاداشِ کردارهای ما نیست. تو خدایی و محبتِ خداوندیِ تو، هیچ گونه غرضی را غیر از تکاملِ ما منظور ننموده است.

نافرمانی‌ها و معاصی، هر مقدار هم که از من صادر شود، به عنوان جرأت به مقامِ شامخِ ربوبیِ تو نخواهد بود؟ پیمان‌شکنی‌ها و سرپیچی‌ها، نه به خاطر آن است که برای خود توانایی مقابله با تو می‌بینم؛ نه، من به همهٔ این نارواییِ‌ها آگاهم. شرمندگی‌ام را که پوزشِ طبیعیِ من است، به عنوان آخرین وسیلهٔ تقرّب به درگاه تو پیش می‌کشم.

بارپروردگارا ! کدام عامل اقوی و اعظم از توست که من در مقابل آن خود را ببازم؟ نه، چنین عاملی وجود ندارد، و برای همین، هرگز ناامید و مأیوس نخواهم شد.

۴۹ـ رَبِّ ها أَنَا أَتَوَسَّلُ إِلَيْكَ بِفَقْرِي إِلَيْكَ وَكَيْفَ أَتَوَسَّلُ إِلَيْكَ بِما هُوَ مَحالٌ أَنْ يَصِلَ إِلَيْكَ؟

چون نیازمندی‌ام به سوی توست، دست توسّل به سوی تو دراز می‌کنم. به کدام وسیله دست بیندازم که توانایی رسیدن به تو را داشته باشد؟

خداوندا! وقتی خوب می‌نگرم، سببیّت همه از توست و تمام عوامل جهان طبیعت، خواص و فعالیت خود را همگی از تو می‌گیرند. آن‌ها استقلال ندارند و موجودیت آن‌ها همه مرهون خلّاقیّت توست. اگر انسانند و اگر خود نیازمندند، کاری از آنان ساخته نیست و اگر بی‌نیازند: «آنان که غنی‌ترند، محتاج‌ترند». و اگر موجوداتِ طبیعی‌اند، هیچ نقطه‌ای از نقاط جهان طبیعت، قائم بنفسه نبوده و همهٔ حرکت و خاصیت خود را از تو می‌گیرند. پس:

خشک ابری که شود زآب تهی — ناید از وی صفت آبدهی
ذاتِ نایافته از هستی‌بخش — کی تواند که شود هستی‌بخش

منسوب به میرداماد

۵۰ ـ أَمْ كَيْفَ أَشْكُو إِلَيْكَ حالي وَهُوَ لا يَخْفى عَلَيْكَ؟

آیا شکایت از حالم کنم؟ حالم که بر تو مخفی نیست.

قوم دیگر می‌شناسم ز اولیا — که دهانْشان بسته باشد از دعا[1]

خداوندا! آن‌گاه که خاموشیِ شورانگیزِ جهان طبیعت را می‌بینم؛ آن‌گاه که درک می‌کنم کهکشان‌ها و کوزارهای باعظمت با سرعت‌های سرسام‌آور و در عین حال با آرامشی شگفت‌انگیز و بی‌نیاز از درک ما انسان‌ها در حرکتند؛ آن‌گاه که می‌بینم برگ‌های ظریف گل‌ها در دامنهٔ کوهی می‌رویند و جلوهٔ کوتاه مدتِ خود را در جلوه‌گاه حکمت خداوندی نشان می‌دهند،

۱ـ مثنوی معنوی، دفتر سوم.

ولی آن چنان خاموش و ساکتند که حتی صدای نسیم بهاری هم که آن‌ها را می‌نوازد و بر آن‌ها می‌وزد، شنیده نمی‌شود، در این حال، می‌خواهم جزئی از طبیعت باشم و با خاموشیِ رازِ دل با تو بگویم: خدایا ! احاطهٔ علم تو را بر مکنونات درونی‌ام احساس می‌کنم و اظهار آن‌چه را که در درونم می‌گذرد، نوعی از گستاخی می‌دانم.

روشنایی جمال و جلالت، چنان خیره‌ام می‌کند که نه تنها زبان و لبانم از یاد می‌روند، بلکه خویشتن را هم فراموش می‌کنم. در این لحظات است که خود را اسیرِ آهنگِ ازلی و بی‌نهایتِ تو می‌بینم، ولی شورانگیزیِ سکوتِ این طبیعت پهناور با آن همه نمودها و آیاتش که غلغله‌کنان رهسپار کوی تو هستند، مرا به زمزمه وادار می‌کند و صدای ضعیفم را با جرسِ این کاروانِ نور در هم می‌آمیزد.

در این حال است که ناگهان درک می‌کنم به سخن گفتن پرداخته‌ام. می‌گویم و می‌گویم، ولی در همان حال، یک مقاومت درونی احساس می‌کنم که می‌خواهد الفاظ را در دهانم محو و نابود کند، زیرا این کالبدهای ضعیف، یعنی این الفاظِ ناچیز که ساختهٔ دست خود ماست، آن حقایق را که در درونم موج زنان و بدون تکرار در حال حرکتند، چنان می‌فشارد و مشوّش می‌کند که دوباره به پناهگاه سکوت پناهنده می‌شوم؛ آن‌گاه درمی‌یابم که کوزه‌های ناچیزِ الفاظ را کنار گذاشته و در دریایی از نور غوطه‌ور شده‌ام.

آه، ای خدای بزرگ!:

راه هموار است و زیرش دام‌ها — قحطِ معنی در میان نام‌ها
لفظ‌ها و نام‌ها چون دام‌هاست — لفظِ شیرین ریگِ آبِ عمرِ ماست[1]

۱ـ همان، دفتر اول.

۵۱ ـ أمْ كَيْفَ أُتَرْجِمُ بِمَقالِي وَهُوَ مِنْكَ بَرَزَ إلَيْكَ.

گفتارم را چگونه توضیح بدهم؟ این گفتار از تو و به سوی تو روانه می‌شود.

می‌خواهم با تو سخن بگویم و با تو نیایش کنم، اما قدرتِ نیایش و نیروی توضیحِ گفتارم از توست. بار دیگر، درک این حقیقت مرا به خاموشی می‌کشانَد؛ دیگر سخنی نمانده است که بگویم. در این جا، جمله‌ای که خودت به ما تعلیم داده‌ای، می‌تواند مانع از اضطراب و تشویش من شود: لاٰ حَوْلَ وَ لاٰ قُوَّةَ إلاّ بِاللّه.

۵۲ ـ أمْ كَيْفَ تُخَيِّبُ آمالي وَهِيَ قَدْ وَفَدَتْ إلَيْكَ؟

چگونه آرزوهایم با نومیدی روبرو خواهد شد، در صورتی که این آرزوها رهسپار کوی تو هستند؟

پروردگارا ! آرزوهای مزایای جهانِ مادّی، مرا به سرازیری سقوط می‌کشانَد. عشق به جاه و مقام و ثروت و شخصیتِ دنیوی، فطرتم را می‌آلاید، اما آرزوهای روحی‌ام به هر شکل که نمودار شوند، به سوی تو روی می‌آورند. آن‌چه که رو به سوی تو آورد، شعاعی از خورشیدِ عظمتِ توست که عامل آن را در نهادم به ودیعت نهاده‌ای.

در آن هنگام که این شعاع به سوی تو بازمی‌گردد، مرکزِ اصلیِ خود را جستجو می‌کند و دیگر برای آن بازگشتی وجود ندارد.

۵۳ ـ أمْ كَيْفَ لا تُحْسِنُ أحْوالي وَبِكَ قامَتْ؟

چرا احوال و شئون من نیکو نباشد، در صورتی که قوام آن‌ها با توست؟

مگر نه این است که آن سوی «من» که شعاعی از دریای ابدی است، وابستهٔ جمال و جلالِ توست؟ باید شئون و احوال «من» که پیوسته به آن سو است، نیکو باشد، زیرا مهر و محبتِ بی‌نهایتِ تو، لب‌های جان مرا در

کنار چشمه‌سار بقا خشک نخواهد گذاشت.

«منِ طبیعی»، همانند آن کِرم ناچیز است که زندگی خود را در میان شن‌های محقّر یا زیر برگی از شاخهٔ درخت سپری می‌کند. او شکفتگی و پژمردگی و خشکی و آبیاری گیاهان و گل‌ها و درخت وجود را می‌بیند، ولی این تحوّلات را با آن حواس و درکِ کوچک و تیره و تاری که دارد، نمی‌تواند به خارج از آن محیطِ محدود نسبت بدهد.

او باغبان نمی‌بیند، چشمه‌سار را نمی‌یابد، ابر را درک نمی‌کند، دانه و ریشه و اشعهٔ آفتاب و نسیم‌های روح‌انگیز و ده‌ها عناصر که در آن تحولات تأثیر می‌بخشد، برای او نامفهوم است.

پشّه کی داند که این باغ از کی است؟ کاو بهاران زاد و مرگش در دی است[1]

این سطحِ عمیقِ «من»، یعنی آن مجاور روح الهی است که به گوش «منِ طبیعی» می‌گوید: تو در اشتباهی، تو راه خطا می‌روی، جهان هستی که تو جزئی از آن هستی، اصولی دارد و نتایجی؛ زیربناهایی دارد که این روابط و دگرگونی‌ها، روبناهای آن است. ای کرم ناچیز! این باغ پهناور، باغبانی دارد و از ورود عوامل مزاحم جلوگیری می‌کند و به سوی گل‌ها و درختانی که تو در آن برای خود جهان مستقلّی ساخته‌ای، آب روانه می‌کند. لحظه‌ای به خود بیا که خواهی گفت:

ماند احوالت بدان طرفه مگس کاو همی پنداشت خود را هست کس
از خودی سر مست گشته بی‌شراب ذرّه‌ای خود را شمرده آفتاب
وصف بازان را شنیده در زمان گفته من عنقای وقتم بی‌گمان
آن مگس بر برگِ کاه و بول خر هم‌چو کشتیبان همی افراشت سر
گفت: من دریا و کشتی خوانده‌ام مدتی در فکرِ آن می‌مانده‌ام

۱ـ مثنوی معنوی، دفتر دوم.

اینک این دریا و این کشتیّ و من | مرد کشتیبان و اهلِ رأی و فن
بر سرِ دریا همی رانَد او عَمَد | می‌نمودش این قدر بیرون ز حد
بود بی‌حد آن چمین نسبت بدو | آن نظر کاو بیند او را راست کو؟
عالمش چندان بود کِش بینش‌است | چشم چندین،بحر هم چندینش است[1]

این آگاهی مختصر کافی است تا ما را به این امر متوجه کند که تمام لحظاتِ زندگیِ ما از او بوده و خیالِ استقلال، غیر از این که ما را مانند آن مگس ناچیز از تعقل صحیح بازبدارد، نتیجه‌ای در بر ندارد.

بارالها ! با همین توجه است که در دریایی از لذت ملکوتی غوطه‌ور می‌شویم و آلام و شکنجه‌های غیر اختیاریِ زندگی را تحمل کنیم.

٥٤ ـ إلهي ما أَلْطَفَكَ بِي مَعَ عَظيمِ جَهْلِي وَما أَرْحَمَكَ بِي مَعَ قَبيحِ فِعْلِي؟

ای خدای من! با این که به مقام شامخِ ربوبیِ تو و به موقعیتِ واقعیِ خود در جهان هستی نادانم، اما چه الطاف شایانی که شامل حالم نفرموده‌ای؟ با این کردارهای ناشایستم، چه رحم و عطوفتی که برایم ابراز نمی‌کنی؟

نادانیِ ما به موجودیت خود از یک طرف، و جهل‌ها به عظمت و لطف تو از طرف دیگر، مانع از جریانِ لطفِ عمومیِ تو نخواهد شد. ما چگونه می‌توانیم ریزشِ فیضِ عظیمِ تو را در هر لحظه به تمام کائنات و موجود انسانی درک کنیم؟ ما که محبوس قوانین طبیعت هستیم و برای ما بسیار مشکل است که جریانات زیربنای جهان کَوْن و فساد را درک نماییم.

ما چشم به دنیا گشوده و همیشه درخشندگیِ نورِ وجود را بر در و دیوارِ اجزای تمام موجودات مشاهده نموده‌ایم.

ما آن شیشه‌های شفّاف هستیم که نور همواره در آن نفوذ می‌کند و او

۱ـ همان، دفتر اول.

گمان می‌کند که نور از خودِ آن شیشه است.

روح ما را در لانهٔ کوچکی به نام بدن جا داده‌ای و مانند آن کِرم ناچیز، تمام موجودیت خود را ساخته‌شدهٔ لانهٔ محقرِ یک شاخه درختی می‌بیند و درک نمی‌کند که درخت، به واسطهٔ ریشهٔ نهفته در زمین، آب را جذب نموده و تا بلندترین شاخه و کوچک‌ترین برگ، زندگی خود را مرهون همان آب است. همان آب است که اساسِ زندگی اوست؛ او دربارهٔ باغبانان و کیفیّت و کمیّت فعالیت او هیچ گونه توجهی ندارد.

اما آن شیشه، خواه بداند یا نداند که نور درخشنده‌ای که او را شفّاف نموده است، از منبع دیگری است، نور به شیشه خواهد تابید. آن کِرم محقّر نیز، چه بداند و چه نداند که زندگی و موجودیّت او، نتیجهٔ آب و خاک و کوشش باغبان است، باغبان فعالیت نموده و آب به بلندترین شاخه‌ها و کوچک‌ترین برگ‌ها از ریشهٔ درخت خواهد رسید. آری، ما نمی‌دانیم.

اما ای پروردگارِ لطیف! گاه‌گاهی به خود می‌آییم و در یک لحظهٔ زودگذر که به لطفِ خداوندیِ تو متوجه می‌شویم، نه تنها درک می‌کنیم قوامِ همهٔ موجودیّتِ ما بسته به لطفِ توست، بلکه گمان می‌کنیم که به غیر از ما به چیزی دیگر نپرداخته و تو فقط خدای مایی:

چنان لطف تو شامل هر تن است　　　که هر بنده گوید خدای من است

سعدی

۵۵ ـ إلهي ما أَقْرَبَكَ مِنّي وَأَبْعَدَني عَنْكَ وَما أَرأَفَكَ بي فَمَا الَّذي يَحْجُبُني عَنْكَ؟

خداوندا! با این دوری که من از تو احساس می‌کنم و این فاصله که من با تو ایجاد کرده‌ام، تو چه قدر به من نزدیکی؟ چه مهربان خدایی! پس آن‌چه که حجابی میان من و تو شده است، چیست؟

دوست نزدیک‌تر از من به من است — وین عجب‌تر که من از وی دورم
چه کنم با که توان گفت که او — در کنار من و من مهجورم

منسوب به سعدی

هنگامی که موجودات طبیعی را می‌بینم، هرگز توجهی به آن نور که توسط آن، موجودات جسمانی را مشاهده می‌نمایم، نمی‌کنم. نورِ نزدیک‌ترین پدیده‌ها برای ما، در موقع دیدن اجسام است، ولی هرگز مورد توجه ما قرار نمی‌گیرد، جز در حالات استثنایی.

نزدیکیِ نور است که باعث دوری آن شده است. از آن طرف، نحوهٔ اندیشهٔ ما به گونه‌ای است که نمی‌تواند باور کند که خداوند با آن عظمت، این اندازه به ما نزدیک باشد؛ چنان که یک بند انگشت نمی‌تواند درک کند که روح با آن عظمت و فعالیتِ نامحدود و ظرافت بسیار، چنان نزدیک به آن انگشت است که گویی خارج از آن نیست.

۵۶ ـ إلهي عَلِمْتُ بِاخْتِلافِ الآثارِ وَتَنَقُّلاتِ الأطْوارِ أنَّ مُرادَكَ مِنّي أنْ تَتَعَرَّفَ إلَيَّ في كُلِّ شَيءٍ حَتّى لا أجْهَلَكَ في شَيءٍ.

از اختلاف نمودها و تحوّلِ دائمی پدیده‌ها دانسته‌ام که می‌خواهی در هر چیز خود را به من بشناسانی تا در هیچ چیز به وجود تو نادان نباشم.

آری، اختلاف مواد و صُوَر جهان طبیعت و دگرگونیِ دائمیِ آن‌ها، از طرق مختلفی ما را به سوی او متوجه می‌کند:

صد هزاران ضد، ضد را می‌کُشد — بازشان حکمِ تو بیرون می‌کَشد
از عدم‌ها سوی هستی هر زمان — هست یا رب کاروان در کاروان
باز از هستی روان سوی عدم — می‌روند این کاروان‌ها دم به دم[1]

۱ـ مثنوی معنوی، دفتر اول.

این اختلاف و تحولِ پی در پی، به صراحت می‌گوید: این رودخانهٔ همیشه در جریان، سرچشمه‌ای دارد و این گردنده را گرداننده‌ای است.

هیچ موجودی از حقایقِ جهانِ هستی، نظام آیندهٔ خود را در ذات خود نمی‌پروراند. ما انسان‌ها به وسیلهٔ علوم، با هر یک از موجودات از راه‌های گوناگون تماس می‌گیریم، ولی هیچ یک از این موجودات، توانایی آن را ندارند که حرکت و جنبشِ طبیعیِ خود را ذاتیِ خود معرفی کنند.

بسیار خوب، می‌گوییم حرکت در ذات ماده است.

سپس این سؤال پیش می‌آید: آیا حرکت کلّی در ذات ماده است؟

می‌بینیم اگر جواب مثبت به این سؤال بدهیم، چه قدر اشتباه نموده‌ایم، زیرا حرکت کلّی ساختهٔ ذهن ماست و عینیت ندارد.

سپس می‌گوییم: نه، مقصود، حرکتِ مشخص و واقعی است که ماده را می‌گرداند. باز با این سؤال روبرو می‌شویم: کدام حرکتِ مشخص است که ذات ماده بوده و آن را می‌گرداند؟ زیرا ممکن است یک ماده، هزار شکل حرکت با نتایج و پدیده‌های مختلف بر خود بپذیرد.

دیگر بار می‌رویم به سوی اختلاف پدیده‌ها و می‌گوییم: چرا باید پدیده‌های جهان طبیعت، مختلف و متضاد باشد؟

اگر مادّه یک حقیقت است، پس این اختلافات و تضادهای بی‌شمار از کجا ناشی می‌شود؟

اگر مادّه متعدد است، پس این تعدّد و گوناگونی و هماهنگیِ آن‌ها از کجا سرچشمه می‌گیرد؟

آیا یک حقیقت است، یا حقایق گوناگون؟

اگر یک حقیقت است، اختلاف نتایج از کجاست؟

اگر متعدّد است، این تعدّد از کجا ناشی شده است؟

اصلاً چرا مادّه باید حرکت کند؟

چرا این حرکت مشخص را انتخاب نموده است؟

این قوانین و اصول که بر دستگاه طبیعت حکم‌فرماست، چرا باید همین روش را برگزینند؟

خداوندا! ما برای همهٔ این سؤالات، یک جواب تهیه نموده‌ایم و آن این است که: تویی گردانندهٔ این جهان طبیعت؛ اگرچه به دستور تو باید برای پیدا کردن پاسخ‌های آن‌ها در صحنهٔ زندگی طبیعی، تلاش و تکاپو کنیم.

تویی حافظ قوانینی که برای هستی حاکم ساخته‌ای.

اگر برای عدّه‌ای این سؤالات مطرح نشود و یا حلّ آن‌ها را به آینده واگذار کنند، عدهٔ دیگری هستند که با وفاداریِ کاملِ شناخت و دانش و ایمان به تکامل آگاهی‌ها، به تدریج یقین نموده‌اند که تمام شناسایی‌های آن‌ها فقط در ظواهر و روبناهای جهان طبیعت نفوذ می‌کند، نه به اعماق آن، زیرا می‌دانیم: «**يَعْلَمُونَ ظَاهِراً مِنَ ٱلْحَيَاةِ ٱلدُّنْيَا**».[1] اما زیربنای این مادّه و حرکت و اختلاف، آثار و تحولاتِ مشیّتِ توست.

پروردگارا! کسانی هستند که تو را با نام‌هایی از قبیل **الله، رحمن، رحیم، کریم و رئوف**، صدا می‌کنند، ولی آن عده که در شناختِ جهان هستی تلاش‌های خستگی‌ناپذیر انجام داده و نظارهٔ جلال و جمال تو را به این دستگاه و تسلّطِ دائمیِ تو را بر آن مشاهده کرده‌اند، تو را با نام‌هایی از قبیل: ای حافظِ قوانینِ طبیعت، و ای ناظر به تحولات موجود، نیایش خواهند کرد.

خداوندا! در این معبد بزرگ که آن را جهان هستی می‌نامیم و در این کارگاه سترگ که خاموشی بهت‌انگیزی صدای باعظمتِ تو را در گوشِ دلِ ما طنین می‌اندازد، لحظاتی چند، نور خود را در دل‌های ما بیافروز و شامّهٔ ما

---

۱. سورهٔ روم، آیهٔ ۷.

را از نسیمِ ابدیّتِ خود که بر روی این موجودات و تحوّلات گذران می‌وزد، معطّر فرما.

۵۷ ـ إلهي كُلَّما أخْرَسَني لُؤْمي أنْطَقَني كَرَمُكَ.

پروردگارا! آن‌گاه که دنائت و پستی‌ام مرا از سخنگویی بازمی‌دارد، کَرَم و لطف تو سخنورم می‌کند.

تبهکاری‌ها و دیوصفتی‌هایم، گاهی چنان به رُخم خیره می‌شوند و مرا چنان رو در روی ناشایستِ خود قرار می‌دهند که یارای سخنگویی از من سلب می‌شود.

ای خدای من! زشت‌سیرتی چنان قیافهٔ «خویشتنم» را هولناک نموده است که نمی‌خواهم با چنین قیافه‌ای زشت با تو سخن بگویم. از این‌رو، هر گونه راهِ پیوستگی با تو را به روی خودم بسته می‌بینم. معاصی و گناهانم، زبانم را بسته و مرا لال نموده است. چه کنم؟ آیا با دیگران سخن بگویم؟

شاید زشت‌سیرتیِ نهانیِ خود را مخفی ساخته، از نیکی‌ها و زیبایی‌های خود، سخن خواهم گفت. در این موقع است که قیافهٔ هولناکم کثیف‌تر و زشت‌تر خواهد شد، زیرا به آن زشتی و پلیدی خود، دورویی و ریاکاری را هم اضافه خواهم نمود.

یا با جهان طبیعت که خاموش و بدون جنجال تسلیم قوانین است، سخن بگویم؟

آن موجودی که خود را در مقابلِ قانون‌گزارِ اَزَل و اَبَد تسلیم نموده است، چه سنخیّتی با منِ متمرّد دارد که حتی در راه تمایلاتم، به مبارزه با خود حاضر شده‌ام؟

ای خدای عزیز و مهربانم! دیگر کسی نمانده است که این موجودِ گمشده با او سخن بگوید، و در عین زشتی و پلیدی، راه فراری را که

می‌جوید، پیدا کند. تنها یک نقطهٔ اتّکا باقی مانده است که آن هم کَرَم و جودِ بی‌نهایتِ توست.

چه‌قدر خوب بود که به بر زبان آوردن الفاظ، نیازی نداشتم، تا مفاهیم آن الفاظ بیش‌تر شرمنده‌ام نکند.

ای خدا بنما تو جان را آن مقام   کاندران بی‌حرف می‌رُوید کلام
تا که سازد جان پاک از سر قَدَم   سوی عرصه‌ی دور، پهنای عدم
عرصه‌ای بس با گشاد و با فضا   وین خیال و هست زو یابد نوا[1]

عزیز پروردگارا! لباس هستی را بر اندام ما موجودات ناچیز برازنده ساخته و ما را آفریدی و عقل و تفکر و وجدانی به ما عطا فرمودی تا در گذرگاه بی‌نهایت، کشش به کمال بی‌پایان داشته باشیم. تمایلات حیوانیِ ما هم‌چون زنجیر گرانبار، از تکاپو در این گذرگاه سدّ راه ما می‌شود، ولی نیروی کشش به سوی کمال و محبّتِ خداوندیِ تو، این زنجیرهای گرانبار را نه تنها از پاهای ما برمی‌دارد، بلکه بنا به متوجه ساختن به نقص و احتیاجی که داریم، ما را با گام‌هایی سریع‌تر و استوارتر به سوی تو رهنمون می‌سازد. آری، ای دوست عزیز:

هنگام تنگدستی در عیش کوش و مستی
کاین کیمیای هستی قارون کند گدا را
حافظ

۵۸ ـ وَكُلَّما آيَسَتْني أوْصافي أطْمَعَتْني مِنَنُكَ.

آن‌گاه که صفت‌های ناشایستم تا سر حدّ یأس و نومیدی می‌کشاند، ابار احسان‌های تو، درِ امید را به رویم خواهد گشود، زیرا کَرَم و احسانِ عمومی تو

۱ـ مثنوی معنوی، دفتر اول.

در این دوران زندگی، با حرکات و پدیده‌های روانی ما بستگی ندارد.]

۵۹ ـ إلهي مَنْ كانَتْ مَحاسِنُهُ مَساوِيَ فَكَيْفَ لا تَكُونُ مَساوِيهِ مَساوِيَ.

خداوندا! کسی که نیکویی‌هایش زشت است، چگونه بدی‌های او ناشایست نخواهد بود.

تمایلاتِ نفسانیِ ما، حرکات و سکنات ما را پسندیده جلوه می‌دهد. کردارهایی را انجام داده و آن‌ها را با قیافهٔ زیبا و خوشایند به دیگران، حتی گاهی به خودمان هم جلوه‌گر می‌کنیم. اگر اندیشه‌های ما تا اندازه‌ای عالی‌تر بود و به تعقلات نارسای خود هم در مقابل اندیشه‌های تحمیلی دیگران توجهی داشتیم، در آن موقع می‌دیدیم که تصور کمال که در نتیجهٔ أعمال نیکو برای ما مطرح می‌شود و خود را با انجام کار نیک، متعالی می‌بینیم، یا به قصد تعالی و تکامل، کارهای شایسته انجام می‌دهیم، چه اندازه خود را فریب داده و در سراشیبی پستی سقوط نموده‌ایم! این خودفریبی از آن جهت است که ما در درون خود کاملاً درک می‌کنیم که ارضای حسّ خودپرستی به هر طریق ممکن، اگرچه به عنوان هدف‌گیری تکامل باشد، از نقش و نگار به قیافهٔ زشتِ خود تجاوز نمی‌کند.

بر بادِ فنا تا ندهی گَردِ خودی را — هرگز نتوان دید جمال احدی را

***

قُلْ هَلْ نُنَبِّئُكُمْ بِالأَخْسَرِينَ أَعْمَالاً اَلَّذِينَ ضَلَّ سَعْيُهُمْ فِي اَلْحَيَاةِ اَلدُّنْيَا وَ هُمْ يَحْسَبُونَ أَنَّهُمْ يُحْسِنُونَ صُنْعاً.[۱]

به آنان بگو: آیا زیانکارترین اشخاص را به شما معرفی کنیم؟ آنان کسانی هستند که کوشش‌های آنان در زندگی دنیا بی‌نتیجه و ناشایست بوده، ولی آنان گمان

۱ـ سورهٔ کهف، آیهٔ ۱۰۳.

می‌کردند که بهترین کار را انجام می‌دهند.

۶۰ ـ وَمَنْ کانَتْ حَقائِقُهُ دَعاوِيَ فَكَيْفَ لا تَكُونُ دَعاويهِ دَعاوِيَ.

کسی که حقایقش مجرّد ادعاست، چگونه ادعای او ادعا نخواهد بود؟

تفاوت میان حقیقت و ادّعا، همان مقدار است که تفاوت میان کلمهٔ عسل از زبان کسی خارج شود که هرگز در عمرش عسل را نچشیده است و کسی که آن را می‌چشد و لذت واقعی آن را درمی‌یابد.

پروردگارا ! عمری با حقیقت‌نماها سپری کرده‌ام؛ آن‌گاه که برای واقعیتِ این ادعاها در صدد پیدا کردن دلیل بوده‌ام، هیچ مدرکی غیر از تمایلات و هویٰ و هوس‌های نفسانی دست‌گیرم نشده است. نمی‌دانم، شاید گاهی هم چیزی که ادعاها را برای من واقعی جلوه داده، نارسایی مغز و یا قصور مشاعرم بوده است. در این صورت مقصر نخواهم بود، اگرچه دستم از کمال کوتاه بوده است.

۶۱ ـ إلٰهي حُكْمُكَ النّافِذُ وَمَشيئَتُكَ ٱلقاهِرَةُ لَمْ يَتْرُكا لِذي مَقالٍ مَقالاً وَلا لِذي حالٍ حالاً.

ای خدای من! حکم نافذ و مشیّتِ پیروز تو به صاحب گفتار مجال سخن نداده و برای کسانی که دارای وضع روانی دگرگونند، بهانه‌ای نگذاشته است.

خداوندا ! کسانی که در نظام متقن و زیبای این جهان هستی به دقت نگریستند.

کسانی که صدای جریان حلقه‌های زنجیرِ وجود را با گوش دل شنیدند.

کسانی که به ناچیزی تصورات و مشاعر خود در شناخت این اقیانوس بی‌کران و پر تلاطم اعتراف نمودند.

کسانی که تسلیم و سلبِ اختیارِ اجزاء و روابط جهان هستی را در مقابل

حکم نافذ و مشیّتِ پیروزِ تو درک کردند، لب از گفتار فرو بستند و به تماشای لذت‌بخش این خیمهٔ مینارنگِ پر از آیات قناعت ورزیدند و گاه‌گاهی به سخن درآمده، چنین زمزمه نمودند:

چشم در صُنع الهی باز کن، لب را ببند   بهتر از خواندن بُوَد دیدن خطِ استاد را

منسوب به صائب تبریزی

اینان با علم به ضعف و نادانی خود از درک اصول و پایه‌های جهان هستی که مستقیماً مربوط به توست، یاوه‌گویی نکردند و قربانی جهالت خود نشدند و با تمام هیجان و اشتیاق، این سرود را سر دادند و سپس به دنبال انجام وظیفهٔ خود رفتند:

رَبَّنَا مَا خَلَقْتَ هَٰذَا بَاطِلاً سُبْحَانَکَ فَقِنَا عَذَابَ ٱلنَّارِ.[۱]

ای خدای بزرگ، ای پروراندهٔ ما ! این جهان بزرگ را بیهوده نیافریدی. [پاکیزه پروردگارا!] ما را از عذاب دوزخ رها فرما.

آنان چنین احساس کردند که حکمت و مشیّتِ عالیهٔ تو، جایی برای چون و چرا باقی نگذاشته است. آنان نمی‌توانند با توجه به واقعیت‌های جاریه در پهنهٔ بی‌کران هستی، برای توجه به سوی تو بدلی پیدا کنند.

پروردگارا ! در مقابل این حکم نافذ و مشیّتِ پیروزِ تو، نیروی احساسِ وظیفهٔ ما را تشدید فرما، تا به نشستن در زیر درختِ خلقت و سیاحت در شاخ و برگ‌های زیبای آن قناعت نورزیم و به سوی انجام وظیفه رهسپار شویم و خود را به بی‌نهایت مربوط کنیم.

۶۲ ـ إلهي كَمْ مِنْ طاعَةٍ بَنَيْتُها وَحالَةٍ شَيَّدْتُها هَدَمَ أعتِمادي عَلَيْها عَدْلُكَ بَلْ أقالَني مِنْها فَضْلُكَ.

۱ـ سورهٔ آل عمران، آیهٔ ۱۹۱.

ای خدای من! چه بسا اطاعتی می‌کنم و به سوی تو متوجه می‌شوم، ولی عدالت تو تکیهٔ مرا به آن عبادت ویران می‌کند. [آری، آن‌گاه که به دادگری تو متوجه می‌شوم، ناچیزی و پوچی آن‌ها (اطاعت‌ها) را درمی‌یابم] و با یک آگاهی در مقابل فضلیت و احسان تو، آن‌ها را نادیده می‌گیرم.

اطاعت‌ها و عبادت‌ها را انجام می‌دهیم و گاهی حالت توجه و نیایش با خداوند را در خود احساس می‌کنیم، ولی هنگامی که به ناچیزی آن‌ها در مقابل عظمتش آگاه می‌شویم، می‌بینیم که اگر او بخواهد با دادگری دربارهٔ این اطاعت‌ها و نیایش‌ها محاسبه‌ای انجام دهد، بی‌ارزشی آن‌ها کاملاً اثبات خواهد شد و عوامل بسیاری می‌تواند موجباتِ بی‌ارزشیِ این توجهات و نیایش‌ها را اثبات کند:

۱ـ جهلی که ما را احاطه نموده است، مانعِ شناختِ حقیقیِ خواسته‌های ماست. یعنی ما نمی‌دانیم چه می‌خواهیم و از چه کسی می‌خواهیم؟

۲ـ گناهان معیّنی از قبیل ستمکاری بر بندگان خداوند، آثار وضعی خود را در درون ما جایگیر ساخته و سدّ خلل‌ناپذیری را در مقابلِ حالاتِ لطیفِ روحِ ما ایجاد می‌کنند.

۳ـ توجه به این که این حالت نیایش، یکی از عوامل بزرگ تکامل روحی است، باعث سقوط ما شده، در آن موقع درک می‌کنیم که در همان نقطه که آن را آغاز سفر محسوب نمودیم، ایستاده و کوچک‌ترین مسافتی را به سوی حقّ و حقیقت نپیموده‌ایم.

ای پروردگار توانا! در آن حال که در صدد پرستش و نیایش تو برآمده‌ایم، اگرچه لحظاتی بیش نباشد، ما را به سوی خودت بازخوان. ما در آن لحظه که در دریای عظمت تو مستغرق هستیم، به خود نخواهیم بالید. در این لحظه و پس از آن نیز، هیچ‌گاه این حالت را وسیلهٔ تکامل خود قرار

نخواهیم داد، زیرا به خوبی درک کرده‌ایم که توجه و قصد کمال همان و سقوط در سرازیری حیوانی، همان. به خود آمدن و احساسِ نیل به عظمت، سدّ راه رهروان کوی حقّ و حقیقت است. هدف قرار دادن احساس لذت از رسیدن به مقام والا، کار جانوران است. ما باید مراحل کمال را یکی پس از دیگری و بدون کوچک‌ترین قصد بزرگی درنوردیم، اگرچه عظمت و سعادت مانند سایه به دنبال ما در حرکت باشد. ما باید مانند کشاورزی که بذر می‌پاشد و مقصودش خودِ گندم است، وصول به مقام و بارگاه الهی را هدف قرار بدهیم، اگرچه تکامل مانند کاه که به طفیلی گندم در محصول نمایان می‌شود، به طور ضروری نصیب ما خواهد شد.

خواهی بدانی معنی حبّ‌الوطن را یک چند از خود دور کن مایی و من را
این طفلِ نورس را ز شیر دایه برگیر بسپار با مامَش تو جانِ خویشتن را
در چاه ماندستی چرا ای یوسف جان؟ بگذار این چه را و برگیر این رسن را
مرغ دلت چون شد اسیرِ دامِ صیاد خوش می‌سراید قصهٔ مور و لگن را

شیخ علی‌اکبر نوقانی

ای پروردگارِ بی‌چون! ما پیروزیِ شکستنِ سدِّ آهنینِ خودبینی را از تو می‌خواهیم.

۶۳ ـ إلهي إنَّكَ تَعْلَمُ أنّي وَإنْ لَمْ تَدُمِ الطّاعَةُ مِنّي فِعْلاً جَزْماً فَقَدْ دامَتْ مَحَبَّةً وَعَزْماً.

لطیف پروردگارا ! تو می‌دانی اگرچه حالت توجه و نیایش من دوامی ندارد، ولی محبت و اشتیاقِ توجه به سوی تو را همیشه در نهانخانهٔ دل می‌پرورانم.

زبانم همیشه گویای حمد و ثنای تو نیست، ولی آن‌گاه که با سوز و گداز به مقامِ شامخِ ربوبی‌ات متوجه شده و چند کلمه از اعماق جانم به عنوان

ستایش تو برمی‌آورم، مانند این است که در همه حال و در همهٔ لحظات زندگی، دری غیر از درِ بارگاه تو نزده‌ام و سخنی با غیر از تو نگفته‌ام.

خداوندا! با این سکوت ظاهری، تو می‌دانی که:

خامشیم و نعرهٔ تکرارمان	می‌رود تا تاج و تختِ یارمان[۱]

هنگامی که موج‌های بی‌کرانِ محبتِ تو در درونم به حرکت درمی‌آید و با نوسانات بر غوغای تمایلات و آرزوهای حیوانی‌ام، سینه به سینه به مبارزه برمی‌خیزد، من ناظر این پیکارم. چه پیکار جدی و چه رو در رو ایستادنِ وحشتناکی؟ من پیروزی موج‌های محبت تو را با حسرت جانکاه آرزو می‌کنم؛ می‌خواهم این موج‌ها را با حسرت جانکاه آرزو کنم؛ می‌خواهم این موج‌ها تا آخرین نَفَس در درونم از وزش نسیم‌های مهر و محبت تو به حرکت درآیند، اما نمی‌دانم چرا و به چه علت دوباره این موج‌های الهی به تدریج رو به سکوت و خاموشیِ وحشت‌انگیز گراییده و جای خود را برای توهّمات و خیالات پوچ و بی‌اساس خالی می‌کنند. آه خداوندا:

بس ستاره‌ی آتش از آهن جهید	وآن دل سوزنده پذرفت و کشید
لیک در ظلمت یکی دزدی نهان	می‌نهد انگشت بر استارگان
می‌کشد استارگان را یک به یک	تا که نفروزد چراغی از فلک[۲]

اینک، پیروزی آن هیجانات الهی‌ام را از تو می‌خواهم. نجات این هُمای سعادتِ ابدی را که در زیر پنجه‌های نیرومندِ کرکس‌های تمایلاتم دست و پا می‌زند، از تو می‌جویم. آخر، ای خدای مهربانم! چه می‌شود اگر روزی فرا رسد که پیش از آن که چشمه‌سار همیشه در جریانِ روحم به خشکی گراید، و پیش از آن که کوشش‌های جدّی‌ام برای دریافت کشش به سوی تو

۱ـ مثنوی معنوی، دفتر سوم. ۲ـ همان، دفتر اول.

بی‌نتیجه بماند، نسیمی از ابدیت به اقیانوس مضطرب روحم بوزد و ببینم یک موج نهایی از وزش این نسیم سر می‌کشد و:

می‌رود بی‌بانگ و بی‌تکرارها — تحتها الأنهار تا گلزارها[1]

٦٤ ـ إلهي كَيْفَ أعْزِمُ وَأنْتَ ألقاهِرُ وَكَيْفَ لا أعْزِمُ وَأنْتَ الآمِرُ.

خدای من! چگونه تصمیم قاطعانه بگیرم؟ تو پیروز مطلقی؛ چگونه تصمیم نگیرم؟ تو خود دستور به تصمیم داده‌ای.

نیّت‌ها و تصمیم‌های ما دربارهٔ هر کاری که می‌خواهیم انجام دهیم، اگر غفلت از حقیقتِ امور داشته باشیم، به استقلال و خودپرستی می‌انجامد؛ در صورتی که:

أزِمَّةُ الُامورِ طرّاً بيدِه — وَ الكُلُّ مُستَمِدَّةٌ مِنْ مَدَدِهِ

عنانِ تمام امور به دست قدرت اوست و همهٔ حوادث و موجودات از او کمک می‌گیرند. — ملّا هادی سبزواری

***

وَ لاَ تَقُولَنَّ لِشَيْءٍ إنِّي فَاعِلٌ ذَٰلِکَ غَداً إلاَّ أنْ يَشَاءَ ٱللّٰهُ.[2]

هرگز نگو من فردا فلان کار را انجام خواهم داد؛ مگر این که آن را به مشیّت خداوندی مربوط بسازی.

اگر هیچ تصمیمی به کار نبندیم و هیچ کاری را اراده نکنیم، بدون شک، خلاف مشیّت و دستور او خواهد بود، زیرا او خود فرموده است:

وَ أَنْ لَيْسَ لِلإنْسَانِ إلاَّ مَا سَعَى وَ أَنَّ سَعْيَهُ سَوْفَ يُرَى.[3]

هیچ چیز برای انسان به جز کوشش او وجود ندارد و او نتیجهٔ کوشش خود را به

۱ـ همان. ۲ـ سورهٔ کهف، آیات ۲۳ و ۲۴.
۳ـ سورهٔ نجم، آیات ۳۹ و ۴۰.

طور حتم خواهد دید.

پروردگارا ! اگر «من» بگویم، مخالفت قیّومیّت و پیروزیِ مطلقِ توست و اگر «تو» بگویم، مسئولیت را منکر شده‌ام. خداوندا ! لطف و عنایت خود را شامل حال ما فرما و قدرتی را به ما ارزانی کن تا درک کنیم تویی قادر مطلق، و تویی بخشندهٔ قدرت‌ها، و ماییم موجودی که در بهره‌برداری از آن نیروها باید بکوشیم و بیش‌ترین بهره‌برداری را از آن‌ها انجام دهیم.

٦٥ ـ إِلٰهِي تَرَدُّدِي فِي ٱلْآثَارِ يوُجِبُ بُعْدَ ٱلْمَزَارِ فَاجْمَعْنِي عَلَيْكَ بِخِدْمَةٍ توُصِلُنِي إِلَيْكَ.

خدای من! تماشا و تردّد من در نمودهای جهان هستی، مقصدم را که زیارتِ بارگاهِ توست، دور می‌کند. توفیقت را شامل حالم فرما تا با انجام وظیفه به سوی تو رهسپار شوم.

دل چو پرگار به هر سو دَوَرانی می‌کرد — واندر آن دایره سرگشتهٔ پابرجا بود

جهان هستی خود را آمادهٔ شناسایی ما نشان می‌دهد، ولی وسیلهٔ شناسایی ما چیست؟ وسایل شناسایی ما همین حواسّ درونی و برونی و ابزاری است که پدیده‌ها را به کمک آن‌ها دقیق‌تر و روشن‌تر درک می‌کنیم. آیا این وسایل و ابزار می‌توانند با امانت کامل، واقعیت‌ها را برای ما قابل درک سازند؟ البته نه، زیرا عینک حواسّ و ابزار ما با خواصّ خود، از ناحیهٔ پدیده‌های جهان هستی رنگ‌آمیزی می‌شود؛ ما با آن عینک می‌نگریم و گمان می‌کنیم واقعیت‌های جهان هستی را بدون دست‌خوردگی دریافته‌ایم. مگر نه این است که: «ما در نمایشنامهٔ بزرگِ وجود، هم بازیگریم هم تماشاگر»![1] پس من که تاکنون نتوانسته‌ام مرز حقیقیِ جهانِ هستی و «من»

۱ـ این جمله از نیلز بور به نقل از لائوتسه، فیلسوف چینی، است.

را مشخص کنم، چگونه می‌توانم ادعا نمایم که جهان و «من» را شناخته و هویّت ماورای آن را دریافته‌ام؟ هم‌چنین، تاریکیِ جهانِ مادّیات، اختلاف نمودها، حکومت کیفیّت‌ها، کمیّت‌ها، و گسترش این موجودات در رودخانهٔ همیشه در جریانِ کَوْن و فساد از یک طرف، و بَری و منزّه بودن آن موجود عالی و لطافت و نزدیکی او به همین موجودات از طرف دیگر، نزدیک‌ترین فاصله را به دورترین مسافت‌ها مبدّل ساخته است.

در این شبِ سیاهم، گم گشت راه مقصود
از گوشه‌ای برون آی ای کوکب هدایت
از هر طرف که رفتم، جز حیرتم نیفزود
زنهار ازین بیابان، وین راه بی‌نهایت
حافظ

آه خداوندا! برای دیدار تو به کوهساران می‌نگرم. کشش مادی آن‌ها مانند سدّی آهنین، لطافت روح و عظمتِ خواستهٔ او را با خشونت مواجه ساخته و آن را باز پس می‌گرداند.

کوهساران فقط می‌توانند رسوبِ اعصار و قرون گذشته را در خطوط خود به من نشان بدهند و سر به فلک کشیدن آن‌ها عظمت کمیّتی را که دارا می‌باشند، خاطرنشان می‌کند.

کوه‌های سر به فلک کشیده کجا، پیشگاه ربوبی تو کجا؟

دریاها باعظمت‌تر و لطیف‌ترند. به دریاها بنگرم، شاید که از پهنه‌های بی‌کران و موج‌های خروشان دریاها گامی به سوی تو بردارم. اما حرکات موجیِ دریاها، دست‌خوش عوامل طبیعیِ خود هستند، هر چند عظمت دریا برای ما استقلالی نشان می‌دهد و ما هم ادیبانه برای آن در عین عظمت، خودآگاهی نسبت داده و در تعیین سرنوشتش اختیاری به آن

اضافه می‌کنیم، ولی هنگامی که دست از بازیگری برمی‌داریم، می‌بینیم نه تنها ما در اِسناد اختیار و استقلال به دریا توهّم نموده‌ایم، بلکه ممکن است همین توهّم را آن خس ناچیز که در نقطهٔ بسیار کوچکی از موج دریا می‌غلتد، به خود نسبت دهد. اصلاً ممکن است این خس ناچیز بگوید که: این همه عظمت و امواج بی‌کران دریا، تنها و تنها از اوست:

دریا که به طبع خویش موجی دارد   خس پندارد که این کشاکش از اوست

آری، من هم توهّم می‌کنم، دریا هم خیال می‌کند، آن خسِ ناچیز هم گرفتار پندار خویشتن است.

در نهایت، اگرچه دریاها تماشاگهی بس عظیم‌اند؛ اگرچه تماشای آن‌ها در درون ما هیجانِ وصف‌ناپذیری ایجاد می‌کند. اگرچه دریاها در هنگام موجِ حلقه‌های متصل، زنجیر وجود را برای ما مجسّم می‌کنند، ولی با همهٔ این عظمت‌ها، دریا کشش هندسی دارد، قابل قسمت است، گاهی در حرکت و گاه دیگر در سکون است، می‌تواند تحت عوامل معیّنی به صورت بخار درآمده و در فضای بی‌کران مستهلک شود. پس دریاها هم نمی‌توانند مرا به سوی تو ای خداوند لم‌یزل و لایزال، رهبری کنند.

دریاهای بی‌کران و خروشان کجا، پیشگاه ربوبی تو کجا؟

گل‌های ظریف و زیبا را نظاره می‌کنم. تبسّم آن‌ها دیدگانم را و بوی عطرآمیز آن‌ها مشامم را می‌نوازد. این گل‌ها با تمام ظرافت و زیبایی که دارند و با تمامی آشنایی که با احساس و شورش دل من دارند، به این ساده‌لوحی که می‌خواهم از آن‌ها طریقی به بارگاهش انتخاب نمایم، می‌خندند و می‌گویند: آن جمالی را که تو جستجو می‌کنی، دیدهٔ دیگری لازم دارد، زیرا این دیده‌ها از کمیّت‌ها و کیفیّت‌های محدودِ مشخص نمی‌تواند تجاوز کند؛ چنان که ما خود با این دیدگان رنگین و رنگ‌پرست به

سراغ دیدارش نمی‌رویم.

هله آن‌چه خواستم، یافتم از دلِ خدابین
نه به ارض خویشتن را و نه بر سما زدم من
حکیم صفا اصفهانی

آن بویی که مستانه به دنبالش می‌دوی، مشام دیگری احتیاج دارد.

بینی آن باشد که او بویی بَرَد بوی او را جانب کویی بَرَد[۱]

به درختان سرسبز و خرّم و دشت‌ها و دَمَن‌های روح‌افزا می‌نگرم؛ گوش به سکوت آن‌ها که عالی‌ترین سرود را می‌نوازند، فرا می‌دهم. جنبش‌ها و لرزش‌های ظریف آنان، راز وجود را برای ما رموز لطیفی را آشکار می‌کنند. چه لذت و حیرتی آمیخته با وقار که در روحم ایجاد نمی‌کنند!

خواهم شدن به بستان چون غنچه با دلی تنگ
وان جا به نیکنامی، پیراهنی دریدن
گه چون نسیم با گل، راز نهفته گفتن
گه سرِّ عشق‌بازی از بلبلان شنیدن
حافظ

اما آن‌گاه که به یاد می‌آورم خزان مرگباری در دنبال این طراوت و شادابی فرا می‌رسد و آن‌ها را خاموش و بی‌شکوفه در بیابان‌ها رها می‌کند، و سرودهای دلپذیرشان که با نواهای زیبای پرندگان ظریف در هم می‌آمیخت، به ناله‌های خزانی مبدّل می‌گردد، درک می‌کنم که ابدیّت در نهاد این موجودات خرّم و سرسبز نیز وجود ندارد. در این موقع احساس می‌کنم که راهی نپیموده و در همان نقطه که آغاز حرکتم بوده است، توقف

۱ـ مثنوی معنوی، دفتر اول.

نموده و متحیّرم.

گل‌ها و درختان سرسبز و چمن‌های خرّم کجا، پیشگاه ربوبی تو کجا؟

به «خود» می‌نگرم و در اعماق قلب و عقل و خیال و وهم فرو می‌روم. در آن جا، جهانی بزرگ‌تر از جهان طبیعت می‌بینم. این جهان شگفت‌انگیز، لطیف‌تر و نیرومندتر و نافذتر از جهان بیرون است، زیرا این جا «من» وجود دارد. این جا، جایگاه وجدان است. این جا، درک ذات دیده می‌شود.

با این حال، وقتی این حقایق را به عنوان راه‌های سیر و سلوک به سوی تو انتخاب می‌کنم، همان مقدار از حرکت به سوی تو جلوگیری می‌کند، که پدیده‌های جهان خارجی. آری، خداوندا ! درک می‌کنم که:

وهم و حسّ و فکر و ادراکاتِ ما　　　همچو نی دان مَرکبِ کودک، هلا[1]

فضای بی‌کران با نقطه‌های زرّینش در مقابل چشمانم گسترده است. طایرِ تیزروِ خیال با سرعت بی‌نهایت در آن پهنه به پرواز درمی‌آید؛ کرات فضایی را با یک بال زدن پشت سر می‌گذارد، بی‌نهایت را می‌بیند و آن را درمی‌نوردد. اما چگونه می‌توان باور کرد که این طایرِ تیزروِ خیال در همان نقطه ایستاده، بالی نگشوده و پروازی نکرده است؟

فضای بی‌کران با نقطه‌های زرینش کجا، پیشگاه ربوبی تو کجا؟

خداوندا در این دیر تحیّر　　　همی هستم تهی‌دست و دلی پر

عطّار

ولی ای خداوندِ بی‌چون! اگر ما از این موجودات هستی یا از این جریانات درونی توقّع دیدار تو را داشته باشیم، ما را مثل آن چوپان ناتوان که تو را در هیکل برومند و باعظمتِ **موسی** ﷺ می‌دید، عفو فرما. ما را

۱ـ مثنوی معنوی، دفتر اول.

همان‌اندازه بپذیر که بزهای آن چوپان را به پیشکشی، و هِی هِی و هیهایش را به زمزمهٔ الهی:

ای فـدای تـو هـمه بزهای من ای به یادت هَی هَی و هَیهای من[1]

در این موقع است که دیگر تمام یأس و نومیدی‌ها به شادی و امید مبدّل شده است، زیرا به خوبی درک می‌کنیم که منحصرترین راه و نزدیک‌ترین مسافت به سوی بارگاهِ عظمتِ تو، کنار گذاشتن تمام راه‌ها و قصدِ حقیقیِ زیارتِ توست. حال که راه به سوی تو این اندازه نزدیک و سهل است، پس قصد کنم و در مقصد باشم.

جمعی ز کتاب و سُخنت می‌جویند جمعی ز گل و نسترنت می‌جویند
آسوده جماعتی که دل از همه چیز بـرتافته از خـویشتنت مـی‌جویند
عُرفی شیرازی

خداوندا! اجازت فرما تا دمی چند رو در رویت به زانو درافتم، و قطراتی از اقیانوس جان، نثار بارگاهت نمایم. آه، ای نزدیک‌تر از من به من! خیالِ دوریِ راه تا درگاه جمالت، خسته و فرسوده‌ام کرده است، نه راه و مسافت:

اَعْلَمُ اَنَّ الرّاحِلَ اِلَیْکَ قَریبُ الْمَسافَةِ.[2]

گواهی می‌دهم مسافر کوی تو مسافت اندکی دارد.

از گِل آدم شـنیدم بـوی تـو راه‌ها پیموده‌ام تـا کـوی تـو

اکنون، کوهساران را مانند خال‌های زیبایی بر رخسار طبیعت که جمال بی‌نهایت ماورای خود را نشان می‌دهد، می‌نگرم. امواج خروشان دریاها، نوای راز هستی را به گوشم می‌نوازند.

گُل‌ها را در میان انگشتانِ قدرتِ تو که بر مشام آدمیزادگان گرفته شده

۱ـ همان، دفتر دوم.

۲ـ دعای ابوحمزه، امام زین‌العابدین ؑ.

است، نظاره می‌کنم.

آن درختان سرسبز و چمن‌های خرّم را در حال تکبیر و تسبیح می‌بینم؛ وجد و شعفم آن‌گاه لبریز می‌شود که نسیمِ نوازشگرِ بهاری را می‌بینم که شکوفه‌ها و برگ‌های شاداب را به روی هم خم می‌کند تا بوسه بر لبان تسبیح‌گویانِ یکدیگر بزنند و سپس قامت راست نموده و دوباره به ذکر و هلهله مشغول شوند.

در اعماق قلب و عقل و خیال فرو می‌روم؛ با روشنایی خیره‌کننده‌ای که بر آن‌ها می‌تابد، روبرو می‌شوم و راه بسیار روشنی به سویدای دل که جایگاه توست، به رویَم باز می‌شود. حال، می‌بینم که:

نیست کس را جز تو جایی در سویدای ضمیر
آرزوی اهل عرفانی، ندانم کیستی؟

اینک، فضای بی‌کران با آن نقطه‌های زرّینش که در آغوش خود گرفته است، می‌تواند به عنوان آستانهٔ بارگاه جلال و جمالت مرا به سوی خود خیره نماید.

٦٦ ـ كَيْفَ يُسْتَدَلُّ عَلَيْكَ بِما هُوَ فِي وُجُودِهِ مُفْتَقِرٌ إِلَيْكَ؟

خداوندا ! چگونه با این موجودات که در وجود خود به تو نیازمندند، به سوی تو راهی بیابم؟

اگر بتوانم از یک سنگ تاریک که خورشید به آن تابیده و آن را روشن ساخته است، حقیقت آفتاب را درک کنم.

اگر بتوانم از حرکتِ سرِ انگشتی که معلول نیرو و فعالیت روحم است، حقیقت و عظمت روح را دریابم.

اگر بتوانم از حرکت مضطربانهٔ خسی در روی نقطهٔ بسیار محدودی از

سطح اقیانوس، ژرفا و کرانه و پهنا و حقیقت و محتویات بی‌شمار آن را دریابم.

اگر بتوانم از حرکتِ پرِ کاهی، کمیّت و کیفیّت تندبادِ مربوط به تمام هستی را تعیین کنم.

اگر بتوانم از ذرّهٔ سرگردان در فضای هستی که حقیقت و ماهیّت هزاران خورشید را که در تحریک و جنبش آن ذره، دخالت ورزیده‌اند، چیزی درک کنم؛ در این صورت، از حقایق و نمودهای این جهان طبیعت به سوی تو، ای خدای لم‌یزل و لایزال، راهی پیدا خواهم کرد.

این است که هشیارانِ تاریخِ انسانی، در جملهٔ زیر اتفاق نظر دارند:

> برای جامعه و بشری که در میان گردباد حوادث در جنبش است و آرامگاه او در آغوش همان گردباد است، و لذت خویش را در همان جا می‌جوید، بسیار مشکل است که با فکر خود، اصل علّیّت و پیوستگیِ علل و معلولات را دریابد.[1]

***

موج از حقیقتِ گهرِ بحر غافل است　　حادث چگونه درک نماید قدیم را

صائب تبریزی

برای همین بود که لحظات قبل می‌گفتم: خداوندا! تردّدم در آثار، منزلگه لقای تو را دور می‌کند.

افتقار و نیازمندی با استغناء و بی‌نیازی، سلب و ایجابند.

کدام یک از این دو مفهوم می‌تواند دیگری را نشان دهد؟

بی‌نیاز پروردگارا! خورشیدِ عنایتِ خود را بیفروز و آن‌گاه چراغی از آن خورشید فرا راهم گیر، تا احتیاجی به نظاره در این موجودات که سراپا مستمندِ وجودِ تو هستند، نداشته باشم.

۱ـ فروغ خاور / ۱۹۶، از بودا.

با آن استدلال که از عقل و دانش نتیجه می‌شود، هرگز آرزوی وصول به پیشگاه تو را که نهایت آرمان ماست، نتوان داشت.

لطیف پروردگارا ! سرانجام ما با کوشش بسیاری درک نمودیم که:

عقل کشتی، آرزو گرداب و دانش بادبان
حق تعالی ساحل و عالَم همه دریاستی

میرفندرسکی

عـناصر و واحـدهای آن استدلال کـه آغاز و انجام خـود را از نـتیجه می‌گیرند، چگونه می‌تواند ما را به آن نتیجه که هیچ گونه سنخیّت و تماثلی میان آن‌ها وجود ندارد، برساند؟

بازگردم و همان راز و نیازم را تکرار کنم: «اِلٰهِي تَرَدُّدِي فِي الْآثارِ يُوجِبُ بُعْدَ الْمَزارِ».

خداونـدا ! لطـف و عـنایت خـود را شـامل حـالم فـرما تـا از تـصورات و تخیلات دست برداشته، گام به سوی تو بردارم. توقف و نظاره و سیاحت ما در این درختِ پر شاخ و برگ خلقت، راه ما را به سوی تو دورتر خواهد کرد. قصد کنیم و به تو برسیم؛ گام برداریم و در مقصد باشیم.

۶۷ ـ أَيَكُونُ لِغَيْرِكَ مِنَ الظُّهُورِ ما لَيْسَ لَكَ حَتّى يَكُونَ هُوَ الْمُظْهِرَ لَكَ؟ مَتى غِبْتَ حَتّى تَحْتاجَ إِلى دَليلٍ يَدُلُّ عَلَيْكَ وَمَتى بَعُدْتَ حَتّى تَكُونَ الْآثارُ هِيَ الَّتي تُوصِلُ إِلَيْكَ؟

آیا حقیقتی غیر از تو، آن روشنایی را دارد که بتواند تو را بر من آشکار کند؟ آیا تو پنهان بوده‌ای تا مرا با دلیلی که به سوی تو رهنمون سازد، احتیاج داشته باشم؟ کی از من دور بوده‌ای تا نمودهای جهان، مرا به تو برساند؟

بارپروردگارا ! در آن هنگام که حالتِ زودگذرِ روانی‌ام را کنار می‌گذارم و

به خود آمده و با دقت می‌نگرم، می‌بینم روشناییِ جمال و جلالت در جهان هستی، آشکارتر از هر چیز است و برای آن وجود بدیهی، خفا و پوشیدگی نیست که چراغی سرِ راهم بگیرم و بارگاه ربوبی تو را جستجو نمایم، زیرا هر زمانی که حقیقتی را دلیل راهم فرض می‌کنم، با کمی تأمّل درک می‌کنم که سازندهٔ همین دلیل و فروزندهٔ همین چراغِ راه نیز تویی.

اگر به طور مستقیم و ناخودآ گاه، به اعضای مادّیِ کالبدم توجه کنم، غیر از مشتی گوشت و استخوان و رگ و پی و خون نخواهم دید، ولی وقتی اعضای بدنم را با خودآگاهیِ حضوری در نظر می‌گیرم، در این موقع، می‌بینم که نخست خود را، و سپس اعضای کالبدم را که چراغ راه به سوی درک «من» هستند، درک نموده‌ام.

خدایا ! چگونه می‌توان تصور نمود که نقطه‌ای از نقاط جهان طبیعت، بی‌اشراقِ فیضِ تو بتواند به وجود خود ادامه دهد؟ مگر جهان طبیعت می‌تواند از ذات خود، حرکت و قانون و نظم بسازد؟

همه عالَم فروغ روی حق دان ... حق اندر وی ز پیدایی است پنهان
زهی نادان که او خورشید تابان ... به نور شمع جوید در بیابان
اگر خورشید بر یک حال بودی ... فروغ او به یک منوال بودی
ندانستی کسی کاین پرتو اوست ... نکردی هیچ فرق از مغز تا پوست
تو پنداری جهان خود هست دائم ... به ذات خویشتن پیوسته قائم

شیخ محمود شبستری

۶۸ ـ عَمِيَتْ عَيْنٌ لا تَراكَ عَلَيْها رَقيباً.

کور است آن چشمی که نظارتِ تو را بر خود درک نمی‌کند.

از بامدادان تا شبگیر ظلمانی، دیدگانم بر این صحنهٔ بی‌کران طبیعت باز

است. شکل‌ها و رنگ‌ها را می‌بینم؛ کوچک و بزرگ و حرکات و سکنات و زشت و زیباها را نظاره می‌کنم؛ همه چیز را می‌بینم و این نظاره را با تمام جرأت، بینایی می‌نامم! خداوندا! آیا حقیقتاً دیدگان من باز است و می‌بینم؟

اگر دیدگان من باز است، چرا نظارت تو را از همین «بود و نمود»ها که بر دیدگانم می‌تابد، مشاهده نمی‌کنم؟

پس چرا آن‌گاه که احاطهٔ وجودیِ تو را بر تمام موجودات به یاد می‌آورم، پلک‌های چشمان درونی و بیرونی‌ام روی هم می‌افتد و شب‌پره‌وار، خورشید فروزان را نادیده می‌گیرم؟ اما وقتی درست می‌نگرم و می‌اندیشم، می‌بینم:

قافیه اندیشم و دلدارِ من　　　گویدم مندیش جز دیدارِ من[1]

ای روشنایی‌بخش دیده‌ها! دست عنایتی فرود آر و با مِهر خداوندی‌ات، نوری فرا راه این چشمانِ خیره برافشان، تا نظارت تو را بر تمام این کائنات و اشراقِ نورِ تو را بر دیدگانم درک کنم.

۶۹ ـ وَخَسِرَتْ صَفْقَةُ عَبْدٍ لَمْ تَجْعَلْ لَهُ مِنْ حُبِّكَ نَصیباً.

کالای آن بنده خسارت بَرَد، اگر از محبت خود چیزی نصیب او نفرمایی.

این جهان هستی با این عظمت، جایگاه سوداگریِ بس شگفت‌انگیزی است.

گروهی تمام وجود خود را در مقابل خور و خواب و خشم و شهوتِ چند روزه از دست می‌دهند.

اینان چه می‌خرند و چه می‌فروشند؟ جانِ پاک و روحِ بی‌نهایت بزرگ می‌فروشند، خوشگذرانی و هویٰ و هوس‌های زودگذر می‌خرند، اما به

۱ـ مثنوی معنوی، دفتر اول.

اندوه‌های پشتِ پردهٔ خودآگاهی:

بگفت آن جا به صنعت در چه کوشند　　بگفت اَنْدُه خرند و جان فروشند

نظامی گنجوی

گروهی دیگر، کالای وجود را بر بازار طبیعت عرضه نموده، اندکی تمایلات و آزادی در اشباع غرایز و اندکی هم علم و دانش یا خدمت بر انسان‌ها در هنگام میل و رغبتِ خود می‌خرند.

این گروه تا اندازه‌ای سود برده‌اند و به‌نتیجهٔ محدودی رسیده‌اند، اما آن چه‌راکه‌ازدست داده‌اند،بسیار باارزش‌تر از آن‌بوده است‌که به‌دست آورده‌اند.

دستهٔ دیگری هم زندگی می‌کنند و در این میدان معامله، ندامت‌ها و نومیدی‌ها می‌خرند و جان می‌فروشند. گویی اینان کالایی غیر از ناله و بدبینی در بازار زندگی نمی‌بینند.

خسارت و بینواییِ اینان همان مقدار است که برای گروه اول که تمام وجود خود را در مقابلِ خور و خواب و خشم و شهوت از دست می‌دهند.

جمعی دیگر آگاه‌تر زندگی می‌کنند. آنان ارزش سرمایه‌ای را که در دوران زندگی در اختیارشان قرار گرفته، بیش‌تر از گروه‌های یادشده درک کرده‌اند. آنان دریافته‌اند که: نه خور و خواب و خشم و شهوت، و نه یک مشت اصطلاحات محدودِ علمی، و نه اندکی شناساییِ پیچ و مهره‌های کارگاه هستی، و نه مانند جغدِ خرابه‌نشین و نشستن و ناله سر دادن، هیچ یک از این کالاها ارزش آن را ندارند که با روح انسانی که کمال اعلا ثمر آن است، مبادله کنند. اینان، شناختِ عمومیِ جهان و خدمت به زندگان را سزاوار خرید در مقابلِ از دست دادن نقدینهٔ وجود خود احساس نموده‌اند، ولی آیا هرگز این سؤال برای آنان مطرح شده است: شناخت جهانی که با تکمیل و تعالیِ روانی همراه نیست، چه ارزشی خواهد داشت؟ و خدمت به

موجودات زنده، بدون آن که وابستگی آنان را به پروردگار بی‌چون بداند، غیر از پروراندن چند عدد حیوان درّندهٔ سودجو و سودپرست، چه ارزشی خواهد داشت؟ و اگر این سؤال برای آنان مطرح شود، با کدام اصل منطقی خود را قانع ساخته‌اند؟

با این که نوعی عظمت روحی برای همین گروه وجود دارد و اینان به هدف اعلای آفرینش نزدیک‌ترند، ولی با این حال، با صراحت می‌گویم: اگر اینان از شناختن جهان بزرگ و از خدمت به جانداران، خصوصاً انسان، هیچ‌گونه اصل مستحکمی را پشتیبان خود قرار نداده و خودخواهی خود را اشباع نموده‌اند، باز خسارت برده‌اند و آن‌چه از دست داده‌اند، بسیار با ارزش‌تر از آن بوده است که به دست آورده‌اند.

پس آن کیست که در این جایگاه سوداگری بهترین معامله را انجام می‌دهد؟ اینان کسانی هستند که فقط و فقط، محبت را کالای معادلِ جانِ پاکِ خود دیدند و لحظه‌ای هیجانِ مِهر و محبت را در روح خود با تمام جهان هستی معادل شمردند.

در این جا، جملات آن شخص مقدس را که قرن‌ها پیش سروده است، یادآوری می‌کنیم:

اگر به زبان فرشتگان سخن گویم و محبت نداشته باشم، صدایم طنینِ آهن دارد. اگر جمیع اسرار و همهٔ علوم را بدانم و ایمان کامل داشته باشم، به حدّی که کوه‌ها را جابجا کنم و محبت نداشته باشم، هیچ هستم. اگر جمیع اموال خود را صدقه بدهم و بدن خود را در آتش بگدازم و محبت نداشته باشم، هیچ نفعی نمی‌برم. محبت، بردبار و مهربان است. محبت، حسد نمی‌ورزد. محبت، کبر و غرور ندارد. محبت، حرکات ناپسندیده ندارد. محبت، نفع خود را طالب نیست. محبت، خشم نمی‌گیرد و سوء ظن ندارد. محبت، از ناراحتی خوشوقت نمی‌شود، ولی با راستی شادی می‌کند. محبت، صبور است و همه چیز را باور می‌کند. زبان‌ها خاموش

می‌شوند، رسالت‌ها نیست خواهند شد، ولی محبت هرگز ساقط نمی‌شود. آن‌چه می‌ماند، ایمان و امید است. او (محبت) از هر سه بزرگ‌تر است.[۱]

اما در این جا، مسئله‌ای بسیار مهم مطرح است که شیرینی و زیبایی مفهومِ محبت نمی‌تواند آن را پوشیده نگه دارد. آن مسئله این است: به چه کسی محبت کنیم و برای چه محبت بورزیم؟

بسیار چیزها در این‌باره گفته‌اند و خواهند گفت. در این باره بسیار اندیشیده‌اند و بعد از این هم خواهند اندیشید. کاغذها به نام کتب سیاه خواهند کرد، ولی بنده به نوبهٔ خود گمان می‌کنم که در این مورد جواب قاطعانه‌ای پیدا نخواهد شد. اگر انسان‌ها بتوانند در این مسئله، گذشت زمان را نادیده بگیرند و حقیقت را از زمان جدا کنند، چنان که یک اصلِ ریاضیِ بدیهی را می‌توانند از بادپای زمان حفظ نمایند، برای حلّ این مشکل که به چه کسی محبت کنند و برای چه محبت بورزند، اصلی را در نظر بگیرند، شاید آن اصل به صورت زیر درآید که آن را **وایتهد** در فرمول فلسفی، و **سعدی** و **حافظ** در شکل ادبی، و دیگران در صورت‌های دیگر بیان نموده‌اند:

به جهان خرّم از آنم که جهان خرّم از اوست
عاشقم بر همه عالَم که همه عالَم از اوست
سعدی

عاشق شو اَر نه روزی کار جهان سر آید
ناخوانده درس مقصود از کارگاه هستی
حافظ

۱ـ آن محبت واقعی که ما در صدد تشریح آن هستیم، بدون شک، از ایمان و رسالت‌های پیشوایان مافوق الطبیعه تفکیک‌ناپذیر است.

همان‌گونه که می‌دانیم، مقصود از «عشق» در بیت حافظ، همان مفهوم «عشق» در بیت سعدی است، زیرا عشق مجازی همان هویٰ و هوسِ زودگذر است که نه تنها نمی‌تواند مقصود کارگاه هستی را برای ما قابل درک نماید، بلکه ما را از درک آن کاملاً عاجز و ناتوان می‌کند.

وایتهد این مضمون را چنین گفته است:

ممکن است حدس بزنم آن ایدئولوژی‌ای سرانجام بر جوامع بشری پیروز می‌شود که برای درک واقعیت، نسیمی از ابدیت را بگستراند و تمام این موجودات را به عنوان حقایق گذران که نشانی از آن ابدیت دارند، قبول نماید.[1]

با این اصل که این سه متفکر انسانی بیان می‌کنند، بدون شک، موضوع محبت نه تنها یکی از تجمّلات مورد تمایل ماست، بلکه یک ضرورت انسانی است که بدون آن، محبت انسانی وجود ندارد. عبارت دو اندیشمند شاعر (سعدی و حافظ) آشکار است، ولی محبت در عبارت وایتهد، از مختصات ماورای طبیعت است که بر طبیعت می‌وزد.

در این جا، دیگر سخن از آن موضوعات پا در هوا و زودگذر که مورد رغبت و محبت انسان‌های عامی قرار می‌گیرد، در میان نیست. پس می‌رسیم به این نکته که:

هر صورتِ دلکش که تو را روی نمود   خواهد فلکش ز دَورِ چشم تو ربود
رَو دل به کسی نِه که در اطوار وجود   بوده است همیشه با تو و خواهد بود

ای افراد انسانی، ای کسانی که می‌خواهید در این زندگی، آگاهانه رفتار نموده و از موضوع محبت برخوردار شوید! کسی که همیشه با ما بوده و خواهد بود، خداست. آری، خداست و محبتِ او فراتر از همهٔ محبت‌ها و

---

۱. سرگذشت اندیشه‌ها، آلفرد نورث وایتهد.

اساسی‌ترین و شیرین‌ترین آن‌هاست. آری، اصیل‌ترین آن‌هاست.

به خدا محبت بورزیم، که انگیزه‌های محبت را در ما ایجاد کرده و نیروی انبساطِ روانی را در ارتباط با زیبایی‌ها به ما عنایت فرموده است؛ آن‌گاه با انجام تکالیف و طیّ راه‌هایی که توسط عقل سلیم و وجدان با قیافه‌های گوناگونش معین فرموده، محبت او را به خود جلب کنیم.

قُلْ إِنْ كُنْتُمْ تُحِبُّونَ اَللّٰهَ فَاتَّبِعُونِي يُحْبِبْكُمُ اَللّٰهُ.[۱]

اگر واقعاً شما خدا را دوست می‌دارید و می‌خواهید او هم شما را دوست داشته باشد، بیایید از من که حقایق فطرتِ شما را بیان می‌کنم، پیروی کنید [و عوامل محبت و انبساط‌های متنوع و زیبایابی‌های گوناگون را که به شما بخشیده است، دریابید]، تا خداوند شما را دوست بدارد.

فرض کنیم تمام موجودات دنیا، اعم از انسان و دیگر کائنات، شما را دوست داشته باشند. مگر محبت آنان فناپذیر نیست؟ مگر محبت آنان می‌تواند جوابگوی تمام آمال و آرمان‌های شما باشد؟ مگر محبت آنان می‌تواند طبیعتِ حیوانیِ شما را عوض نموده و از هر جهت شما را به کمال برساند؟

آری، آن دوستیِ خداوند است که تفسیرکنندهٔ تمام محبت‌ها و آزادی‌بخش روح و آخرین وسیلهٔ تعالیِ جانِ آدمی است.

۷۰ـ إلهي أَمَرْتَ بِالرُّجُوعِ إِلَى اَلْآثارِ فَارْجِعْني إِلَيْكَ بِكِسْوَةِ اَلْأَنْوارِ وَهِدايَةِ اَلْإِسْتِبْصارِ حَتّى أَرْجِعَ إِلَيْكَ مِنْها كَما دَخَلْتُ إِلَيْكَ مِنْها مَصُونَ السِّرِّ عَنِ النَّظَرِ إِلَيْها وَمَرْفُوعَ الْهِمَّةِ عَنِ اَلْإِعْتِمادِ عَلَيْها إِنَّكَ عَلى كُلِّ شَيْءٍ قَديرٌ.

خدای من! به من دستور داده‌ای که در پدیده‌های جهان هستی دقّت و بررسی کنم. حال، مرا با انوار و بینایی به سوی خودت فراخوان؛ باشد که از

۱ـ سورهٔ آل عمران، آیهٔ ۳۱.

آن‌ها روی‌گردان شده، به سوی تو متوجه شوم. چنان که اولین بار از آن موجودات، به وجود تو پی برده بودم، دیگر نیازی به نگریستن به سوی آن‌ها نداشته باشم و همّتم از اعتماد به آن موجوداتِ ناچیز به پیشگاه تو بالاتر رود.

خداوندا:

جمعی ز کتاب و سُخنت می‌جویند جمعی ز گل و نسترنت می‌جویند
آسوده جماعتی که دل از همه چیز برتافته از خویشتنت می‌جویند

بارالها ! خود دستور داده‌ای که به نظام آفرینش بنگرم و هماهنگی ذرات وجود را که در این فضای بی‌کران در گردش هستند، درک کنم.

من در حدود امکانات خود نگریستم و نظاره نمودم. این کارگاه، مانند یک روشنایی مجلّل که به منبعی احتیاج دارد و به یک کشتیِ با عظمت که به کشتیبان نیازمند است، برای من اثبات کرد موجود عالی‌تری که سرنوشت هستی و نیستیِ این کارگاه در دستِ قدرتِ اوست، واقعیت دارد؛ همان‌گونه که حرکت بند انگشتی نشان می‌دهد که حیات و اراده‌ای وجود دارد که محسوس نیست.

تماشای این گردندهٔ نیلگون و این اقیانوس مینارنگ با تمام کراتِ باعظمت آن، همین مقدار می‌تواند راهنمایی کند که بگوییم: این گردنده، گرداننده‌ای دارد.

خرامیدن لاجوردی سپهر همان گِرد گردیدنِ ماه و مهر
مپندار کز بهرِ بازیگریست سرا پرده‌ای این چنین سرسریست
در این پرده یک رشته بیکار نیست سر رشته بر ما پدیدار نیست
نه زین رشته سر می‌توان تافتن نه سر رشته را می‌توان یافتن

ناصرخسرو

نظامی گنجوی این حقیقت را کامل‌تر بیان کرده است:

در عـالَمِ عـالَم آفـریدن / بِهْ زین نـتوان رقـم کشـیدن
کـار مـن و تـو بـدین درازی / کوتاه کـنم کـه نـیست بـازی

موریس مترلینگ از **آلبرت اینشتین** و **سِر آرتور ادینگون** این‌گونه نقل می‌کند:

در دنیا چیزی هست که ما نمی‌دانیم چیست؟ و کاری می‌کند که ما نمی‌دانیم چه کاری است؟ اما رشد فکری و زندگی خودآگاه، انسان‌ها را وادار می‌کند تا به درک چیزی که نمی‌دانیم چیست؟ و به احساسِ کاری که نمی‌دانیم آن، چه کاری است؟ قناعت نکنند، بلکه هر چه بیش‌تر بکوشند تا به کمال و عظمت و فیض آن چیز پی ببرند و حسّ انجذاب خود را به آن موجود اشباع نمایند، تا بتوانند این راه‌های گوناگون را پشت سر بگذارند و بدون تحیّر، در پیچ و خم راه‌های تاریک و مبهم به مقصد برسند.

دیگری بهتر می‌گوید:

تفکر بشری به هیچ وجه حدّی ندارد. او با افکندن خود در خطرها و مهالک، حیرتِ خویشتن را تحلیل و کاوش می‌کند. تقریباً می‌توان گفت که به وسیلهٔ یک نوع واکنشِ تابناک، طبیعت را نیز از حیرت خود خیره می‌کند. جهان اسرارآمیزی که ما را احاطه می‌کند، هر چه بگیرد، پس می‌دهد و شاید سِیرکنندگان، خود، مورد سِیرند. به هر حال، روی زمین مردانی هستند (آیا واقعاً مَردند!) که آشکارا در قعر آفاق تحیّر، ارتفاعاتِ وجودِ مطلق را می‌بینند و به شهودِ دهشت‌انگیز کوهستان لایتناها می‌آیند.[1]

مگر عقل سلیم می‌تواند به این قناعت کند که فقط بداند:
در جهان هستی چیزی وجود دارد که ما نمی‌دانیم آن چیست؟

---

۱. بینوایان، ویکتور هوگو، ترجمهٔ حسینعلی مستعان / ۵۴، چاپ نهم.

و آن موجود کاری می‌کند که ما نمی‌دانیم آن، چه کاری است؟

آیا ما در مقابل آن موجود وظیفه نداریم؟

آیا آن موجود نظارتی بر ما ندارد؟

آیا ما به هیچ وجه نمی‌توانیم با آن موجود ارتباطی برقرار کنیم؟

منفی دانستن پاسخ این سؤالات، نادیده گرفتنِ درونِ مشتاقِ ماست.

منفی دانستن پاسخ این سؤالات، ما را به مبارزه با خویشتن وادار می‌کند. زیرا من هنگامی که به درونم مراجعه می‌کنم و خواسته‌های اساسی درونم را بررسی می‌کنم، می‌بینم پاسخ هر سه سؤال مثبت است:

من در مقابل آن موجود وظیفه دارم.

آن موجود بر من نظارت دارد.

من می‌توانم با آن موجود ارتباطی برقرار کنم.

بر اساس این بررسی‌های تجربی، برای من ثابت می‌شود که باید در صدد درکِ حکمتِ وجودی خود برآیم و اولین مرتبهٔ کیفیّتِ ارتباطِ خود را با آن موجود تعیین کنم.

پدیده‌های جهان طبیعت، توانایی آن را ندارند که چگونگی این ارتباط را برای من توضیح دهند. این پدیده‌ها همین مقدار می‌توانند اثبات کنند که در این جهان، بانگ جرسی می‌آید و همهٔ این موجوداتِ در حالِ حرکت و تلاش، مانند کاروانی رو به سوی مقصدی دارند. اما آن مقصد چیست، و من چه ارتباطی با آن مقصد دارم، از عهدهٔ این حقایق برنمی‌آید.

ما می‌توانیم درک کنیم که رابطهٔ من با این موجود عالی، رابطهٔ بسیط نیست، بلکه این پیوستگی دو جنبهٔ مختلف دارد:

۱ـ این که مجموع دو پدیدهٔ کالبد مادی و حقیقتِ روحیِ من، ساخته شدهٔ دست توانای اوست. درک این حقیقت، بسیار ساده و تقریباً همگانی است، و نیز درک این حقیقت که مجموع «من» ساخته‌شدهٔ اوست، نتیجهٔ

واضحی را در بر دارد که من بندهٔ او هستم و او آفرینندهٔ من است.

۲ـ دقّت دیگری لازم دارد که ما پیوستگیِ خود را با او درک کنیم و این معنی به وسیلهٔ یک بینایی و روشن‌بینی خاصّی حاصل می‌شود که در نتیجهٔ کوشش و مجاهدهٔ درونی و فعالیت خالصانه در انجام وظیفه با استناد به او امکان‌پذیر خواهد بود و آن این است که درک کنیم «من» دو رُویه دارد:

اول ـ قیافهٔ ماورای طبیعی داشته و به اصطلاح ابن سینا: «رو به برسو است.» این روی، شعاعی از نور خداوندی است که هرگز با معایب و پلیدی‌های مادی آمیخته نخواهد شد. این، همان رُویه‌ای است که در مدارک معتبر اسلامی، شعاعی از نور خداوندی معرّفی شده است.

دوم ـ قیافهٔ طبیعی و مادیِ «من» است. این رُویهٔ «من»، هنگام ورود به جهان هستی، به عنوان محصولِ عالیِ مادّهٔ پاکیزه و بدون آلایش و قابل هر گونه ترقّی و تعالی بوده است.

برای این که این رُویهٔ «من» به تدریج تکامل پیداکرده و در آن «من» ادغام شود، خداوند نیروی غرایز و عقل و وجدان را مانند دو قطبِ متضاد در نهاد ما به ودیعت نهاده است.

> وَ نَفْسٍ وَ مَا سَوَّاهَا فَأَلْهَمَهَا فُجُورَهَا وَ تَقْوَاهَا قَدْ أَفْلَحَ مَنْ زَكَّاهَا وَ قَدْ خَابَ مَنْ دَسَّاهَا.[۱]
>
> سوگند به نفْس [و آن حکمت والایی] که آن را به وجود آورده و تنظیم نموده و طرق انحراف و تقوا را به آن نفس القاء نموده است! قطعاً رستگار شد کسی که آن را تزکیه کرد و ساقط و مأیوس شد کسی که آن را آلوده نمود و حقیقتِ آن را پوشاند.

پس از آن که خدا نفس را آفرید، دو نیروی فجور و تقوا را در آن به

۱ـ سورهٔ شمس، آیات ۱۰ ـ ۷.

ودیعت نهاد. اگر روی بی‌طرف و طبیعی «من» در مبارزهٔ این نیرو، تقوا را مقدّم داشت، بدون شک، این روی «من» هم رفته رفته به آن روی «من» حرکت نموده و کمال مطلوب را به دست خواهد آورد، وگرنه اگر طرف هویٰ و هوس را ترجیح دهد، این روی «من»، از تقرّب به آن روی «من» محروم مانده و در نتیجه از رسیدن به رضوان‌الله اکبر بازخواهد ماند.

درک این ارتباط بسیار مشکل نیست و هیچ گونه احتیاجی به پیچ و خم‌های علوم روانی و فلسفی ندارد؛ فقط در این باره چند لحظه خالصانه و بدون مفاهیم ابهام‌انگیز و بازیگریِ فلسفی و ادبی تأمّل کنید.

اکنون می‌توانیم معانی این آیات که رابطهٔ ما را با خدایمان بیان می‌کند، درک کنیم:

فَإِذَا سَوَّيْتُهُ وَ نَفَخْتُ فِيهِ مِنْ رُوحِي فَقَعُوا لَهُ سَاجِدِينَ.[1]

هنگامی که آدم را آفریده و از روح خود در آن دمیدم، برای او سجده کنید.

يَا أَيَّتُهَا ٱلنَّفْسُ ٱلْمُطْمَئِنَّةُ ٱرْجِعِي إِلَى رَبِّكِ رَاضِيَةً مَرْضِيَّةً فَادْخُلِي فِي عِبَادِي وَ ٱدْخُلِي جَنَّتِي.[2]

ای نفْس با آرامش! در حالی که تو از او و او از تو راضی است، به سوی او بازگرد و در زمرهٔ بندگانم به سرای بهشتِ برین وارد شو.

يَسْأَلُونَكَ عَنِ ٱلسَّاعَةِ أَيَّانَ مُرْسَاهَا فِيمَ أَنْتَ مِنْ ذِكْرَاهَا إِلَى رَبِّكَ مُنْتَهَاهَا.[3]

از تو دربارهٔ روز واپسین سؤال می‌کنند؛ از یادآوری آن روز چه فکر می‌کنی؟ پایان آن ساعت، رو به خداست.

وَ قَالُوا سَمِعْنَا وَ أَطَعْنَا غُفْرَانَكَ رَبَّنَا وَ إِلَيْكَ ٱلْمَصِيرُ.[4]

۱ـ سورهٔ حجر، آیهٔ ۲۹.
۲ـ سورهٔ فجر، آیات ۳۰ ـ ۲۷.
۳ـ سورهٔ نازعات، آیات ۴۴ ـ ۴۲.
۴ـ سورهٔ بقره، آیهٔ ۲۸۵.

آنان گفتند: خداوندا ! ما ندای تو را شنیدیم و اطاعت کردیم. ای پروردگار ما! آمرزش تو را خواستاریم و بازگشت به سوی توست.

وَ مَنْ تَزَكّٰى فَإِنَّمَا يَتَزَكّٰى لِنَفْسِهِ وَ إِلَى اللّٰهِ الْمَصِيرُ.[1]

هر کس نفس خود را تزکیه کند، به نفع او خواهد بود و بازگشت به سوی اوست.

فَمَنْ كَانَ يَرْجُوا لِقَاءَ رَبِّهِ فَلْيَعْمَلْ عَمَلاً صَالِحًا وَ لاَ يُشْرِكْ بِعِبَادَةِ رَبِّهِ أَحَداً.[2]

هر کس ملاقات خدایش را امیدوار است، عمل نیکو انجام دهد و در عبادتِ خدایش شرک نورزد.

كُلُّ نَفْسٍ ذَائِقَةُ الْمَوْتِ ثُمَّ إِلَيْنَا تُرْجَعُونَ.[3]

تمام نفوس، مرگ را خواهند چشید و سپس به سوی ما بازمی‌گردید.

وَ اللّٰهُ يَقْبِضُ وَ يَبْسُطُ وَ إِلَيْهِ تُرْجَعُونَ.[4]

خداست قبض و بسط کننده و به سوی او بازمی‌گردید.

إِنَّ إِلَى رَبِّكَ الرُّجْعَى.[5]

بازگشت به سوی خدای توست.

از این آیات، رابطهٔ ما با خداوند آشکار می‌شود و اصل «دو روی» داشتنِ «منِ» انسانی بیش از پیش آشکار می‌گردد.

۷۱- إلهي هذا ذُلّي ظاهِرٌ بَيْنَ يَدَيْكَ وَهذا حالي لا يَخْفى عَلَيْكَ.

خداوندا ! این است ناچیزی و عدم استقلال من در مقابل تو؛ موجودیّت و کیفیّت آن به هیچ وجه بر تو مخفی نیست.

۱- سورهٔ فاطر، آیهٔ ۱۸.
۲- سورهٔ کهف، آیهٔ ۱۱۰.
۳- سورهٔ عنکبوت، آیهٔ ۵۷.
۴- سورهٔ بقره، آیهٔ ۲۴۵.
۵- سورهٔ علق، آیهٔ ۸.

خداوندا ! ای دانای تمام اجزای جهان هستی.

خداوندا ! ای دانای مطلق، که رازِ حرکتِ یک مورچهٔ ناتوان در لانهٔ محقّرش چنان برای تو روشن است که قوانین ستارگان بی‌شمار در فضای بی‌کران؛ و حرکات ظریف روح ما برای تو چنان آشکار است که روشناییِ خورشیدِ تابان.

گفتگوی شعف‌انگیزِ بلبلی را روی پرهای گلی آن چنان می‌شنوی، که نالهٔ یک جاندارِ دست‌از جان شسته‌ای‌که نفس‌های‌واپسین‌خود را می‌شمارد.

تو ای خدای مهربان! به ناچیزیِ موجودیّتِ ما آگاهی. ما این موجودیت ناچیز را با اخلاص و صفا به بارگاه تو تقدیم می‌کنیم، باشد که عنایتی کنی و لطفی بورزی، و تکامل و تعالی را نصیب ما فرمایی.

۷۲ـ مِنْكَ أَطْلُبُ الْوُصُولَ إِلَيْكَ وَبِكَ أَسْتَدِلُّ عَلَيْكَ فَاهْدِنِي بِنُورِكَ وَأَقِمْنِي بِصِدْقِ الْعُبُودِيَّةِ بَيْنَ يَدَيْكَ.

وصول به بارگاهِ بی‌نهایتت را از تو می‌خواهم. برای دریافت وجودت به تو استدلال می‌کنم؛ با انوار فروزانت مرا هدایت فرما و با صدق بندگی در کوی جلال و جمالت مقیم فرما.

به عزم کویش، اگر ز غربت، شود که بار سفر ببندم
ز موی شادی گره گشایم، به کینِ ماتم، کمر ببندم

مظاهر مصفّا

چنین شنیدم که لطف یزدان به روی جوینده در نبندد
دری که بگشاید از حقیقت بر اهل عرفان، دگر نبندد
اگر خیالش به دل نیاید، سخن نگویم، چنان که طوطی
جمال آیینه تا نبیند، سخن نگوید، شکر (خبر) نبندد

حکیم صفا اصفهانی

از **بریانت** خطاب به یک مرغابی:

وقتی که آخرین اشعهٔ خورشید آسمان را گلگون می‌کند و نخستین ژاله‌های شامگاهی بر زمین می‌نشیند، تو هم‌چنان در دل فضای پهناور پرواز می‌کنی و بال‌زنان، یکّه و تنها به راه خویش می‌روی. بیهوده، دیدگان صیاد، تو را دنبال می‌کند تا مگر در این پرواز طولانی خطایی کنی و به چنگ او افتی، زیرا تو چون نقطه‌ای سیاه در دل آسمان شنگرفین می‌روی و از راهی که در پیش داری، باز نمی‌گردی.

اما تو خود در این پروازِ دور و دراز به دنبال چه می‌گردی؟

سراغ کناره‌های دریاچه‌های پر خزه را می‌گیری، یا در پیِ ساحلِ پهناورِ رودخانه هستی، یا کرانهٔ اقیانوسی را جستجوی می‌کنی که در آن، موج‌های خروشان به صخره‌ها می‌خورند و آن‌ها را فرو می‌پوشانند؟

نیرویی بس شگرف است که با این دقّت و هوشیاری، راه تو را در طول کرانهٔ پر پیچ و خم، در دلِ شبِ تاریک و فضای بی‌کران، به تو که هم‌چنان به راه خویش می‌روی و هرگز این راه را گم نمی‌کنی، نشان می‌دهند. در همهٔ روز، بال‌های تو در آن بلندیِ شگرف، فضای سرد و خالی را درنوردید و با این وصف، تاریکی شب که اندک اندک فرا رسیده، نتوانسته است تو را در راهی که به سوی سر منزل خود در پیش داری، از پا درآورد و خسته و فرسوده‌ات کند.

ولی چیزی نخواهد گذشت که رنج تو پایان خواهد یافت. به خانهٔ تابستانی خواهی رفت و در آن سر و سامانی برای خود فراهم خواهی کرد و به آسودگی بانگ برخواهی داشت؛ بوته‌های نی در دل نیزار به روی آشیان تو خم خواهند شد و بر آن سایه خواهند افکند.

اکنون از بالای سر من گذشتی و به راه خود رفته‌ای و گردابِ بی‌کرانِ آسمان، تو را در دل خویش فرو برده است. اما هنوز درسی که به من داده‌ای، در دلم باقی مانده و یقین دارم که هرگز از دل من بیرون نخواهد رفت.

حالا دیگر می‌دانم که (او) آن کس که تو را در پروازت در فضای آزاد و بی‌کران از

سرزمینی به سرزمینی می‌برد، دست مرا نیز در راه درازی که باید به تنهایی طی کنم، خواهد گرفت و قدم‌هایم را به راه راست رهبری خواهد کرد.

آری، فقط اوست که می‌تواند ما را به سر منزلِ مقصدِ حقیقی‌مان برساند. ما وصول به بارگاه او را از خود او می‌خواهیم، چنان که هر موجودی از موجودات این جهان هستی، غایت نهایی خود را از او می‌خواهد. اوست که در دلِ شبِ تاریک و در امواج متراکم اقیانوس‌ها، ماهی‌های کوچک و ناچیز را به مقصد خود رهبری می‌کند.

اوست که تمام اجزای طبیعت را، از جاندار و بی‌جان، به راه مطلوب خود رهنمون می‌سازد.

وَ بِکَ اَسْتَدِلُّ عَلَیْکَ.

و دلیل بر وجودِ تو را از خود تو طلب می‌کنم.

آیا این مفهوم ازلی، ابدی، بی‌نهایت، و این حقیقتِ فناناپذیر که ما آن را «خدا» می‌نامیم، می‌تواند ساختهٔ فکر من باشد؟

آیا خودش، این مفهوم بی‌نظیر و بی‌همتا را در دلِ ما خاک‌نشینان، فروزان ننموده است؟

مگر ما با حواسّ خود، ازل و ابد را مشاهده کرده‌ایم؟

مگر ما با حواسّ خود، فناناپذیری را درک نموده‌ایم؟

مگر بی‌نیازی از علت را، ما با این حواس و تعقّلِ خود دریافته‌ایم؟

این‌جاست که باید اندکی به خود آمده و بگوییم: نه، هیچ یک از این تصوّرات، ساختهٔ حواسّ ما نیست، ولی در عین حال، ما موجودی را که متّصف به اوصاف مذکور است، بدون این که یک محال منطقی در بر داشته باشد، درک نموده‌ایم. پس این تصور و دریافت، از بارگاه خود آن موجودِ مطلق برای ما سرازیر شده است. ما باید با مجاهدت و کوشش، دوام تابش و

فروزندگی این نور را از خود او بخواهیم و خود را با آن نور خاموش‌نشدنی مرتبط کنیم.

وَ اَقِمْنی بِصِدْقِ اَلْعُبُودِیَّةِ بَیْنَ یَدَیْکَ.

و مرا با بندگی راستین در پیشگاهت بر پا دار.

خداوندا! توفیقت را شامل حالم فرما تا با صدق نیّت به بندگی تو قیام کنم و زندگی خود را در این دنیای رو به فنا، بیهوده استهلاک نکنم.

۷۳- إلهي عَلِّمْني مِنْ عِلْمِكَ اَلْمَخْزُونِ وَصُنّي بِسِتْرِكَ اَلْمَصُونِ.

خدای من! از علم مخزونت مرا تعلیم فرما و با پردهٔ ستّاری خود، مرا حفظ کن.

قطرهٔ دانش که بخشیدی ز پیش　　　متّصل گردان به دریاهای خویش[1]

دانش‌های ما راهی به سوی تمام حقایق ندارد و نمی‌تواند از ظاهر و پدیده‌ها نفوذ کند و به باطن اشیاء برسد. حتمی است که کسی در امتداد مطالعات خود نمی‌تواند متفکر عالی‌قدری را ببیند، مگر این که به طور صریح اعتراف به نادانی خود نموده و از فراوانیِ مجهولاتش در این جهان هستی، حسرتی به دل داشته است.

شناخت‌های ما، به طور نسبی، تنها می‌تواند کسانی را که به یک قطره از دریا کفایت می‌کنند، اقناع نماید. اما به قول **ایزاک نیوتن**:

مثل طفل خردسالی هستم که در کنار دریا ایستاده، گاهی یک شن و یا سنگ برّاقی می‌بیند، ولی در مقابلش دریای بی‌کران معرفت، مجهول است.[2]

۱- مثنوی معنوی، دفتر اول.

۲- ارکان دانش نو / ۲۶. هم‌چنین، بنگرید به: مجلّه ذهن، مقالهٔ علم و فرضیه، ترجمهٔ شهرام تقی‌زاده انصاری، چاپ پژوهشگاه فرهنگ و اندیشهٔ اسلامی، سال ۱۳۷۹.

نمی‌گویم ممکن است و مشیّت خداوندی هم چنان است که اگر ما رابطهٔ مستحکمی با خداوند ایجاد کردیم، به تمام جزئیات و کلیات جهان هستی آشنا می‌شویم. نه، بلکه روشن است که مشیّت خداوندی چنان است که ما باید این شناسایی را با کوشش و فعالیت به دست بیاوریم.

باز بنده نمی‌گویم یک موجود انسانی می‌تواند تمام حقایق جهان هستی، حتی مشیّت خاصّهٔ خداوندی را در این جهانِ کَوْن و فساد درک کند، ولی این مقدار می‌توان گفت که در نتیجهٔ تقواپیشگی و به کار انداختن عقل سلیم و وجدان ربّانی، انسان کاملاً می‌تواند موقعیّتِ وجودیِ خود را در این جهان درک کند و از این راه که بیش‌تر افراد انسانی را بیچاره و مضطرب ساخته، احساس شکنجه نکند و علمِ محدودِ خود را جنبهٔ ربّانی ببخشد.

آری، این کار برای ما قابل وصول است. ما با شناختِ علتِ وجودیِ خود، مانند این است که با تمام اجزای جهان هستی آشنایی پیدا کرده‌ایم. ما اگر به علت وجودی و به موقعیتِ واقعیِ خود آگاهی داشته باشیم، مجهولاتِ طبیعیِ ما به اندازه‌ای به ما شکنجه می‌دهد که نداشتن اصول و فنون زندگی مادی، که در صورت احساس عدم توانایی و نداشتن اختیار، رنج و اندوه ایجاد می‌کند.

ما اهمیّت پدیده‌ها و حقایق مادی را برای تنظیم زندگی در درجهٔ اول از اهمیت قرار می‌دهیم، ولی نسبیّت و تدریجی بودنِ به دست آوردنِ این امور، ما را به هلاکت نمی‌کشانَد.

در نهایت، ما در زندگی خود، از مزایا و بعضی اوقات از ضروریّات محروم مانده‌ایم، ولی هنگامی که علتِ وجودیِ خود را درک نکرده‌ایم، اصلاً زندگی به خودی خود مفهومی نگرفته است تا ببینیم نقص آن چیست، و کمالش کدام است؟

بر این اساس، شما هرگز دانشمندانی را سراغ نخواهید داشت که چون در شناختِ اجزای طبیعت موفق نشدند، ناله سر داده و اظهار بدبینی نموده و قیافهٔ عبوسی به خود بگیرند. مثلاً، چون که گذشتگان، احتمالِ وجودِ عناصرِ دیگر را در این جهان طبیعت بدهند و آن‌ها را پیدا نکنند، نوعی بدبختی و بدبینی برای خود احساس کنند. به یقین، اگر کشف جاذبیّت به تأخیر می‌افتاد، هیچ کس ناله نمی‌کرد. یا اگر کشف الکترون‌ها دو قرن دیگر هم به طول می‌انجامید، نه **ارنست روترفر** گریه می‌کرد و نه **جورج تامسون** ناله سر می‌داد؛ چنان که هم‌اکنون نیز هزاران مجهول در پشت پرده یا روی همین پردهٔ طبیعت داریم که با کشف آن‌ها برای ما موفقیت شایانی در شناخت طبیعت نصیب می‌شود، ولی با آگاهی به همین معنا، هیچ گونه ناراحتیِ روانی و بیهوده دیدن زندگی برای ما رخ نمی‌دهد.

امّا از قدیم‌ترین دوران‌ها تاکنون، اشخاصی که از موقعیّتِ وجودیِ خود در این زندگی آگاهی نداشته و می‌دانستند که با آگاهی از موقعیّت و حکمتِ وجودیِ خود ممکن است بهره‌برداریِ بیش‌تری در عمر خود کنند، ناراحتی‌ها احساس نموده و ناله‌ها داشته و خواهند داشت. آن جا که **مسیح کاشی** می‌گوید:

آن قَدَر بارِ کدورت به دلم آمده جمع | که اگر پایم از این پیچ و خم آید بیرون
لنگ لنگان درِ دروازهٔ هستی گیرم | نگذارم که کسی از عدم آید بیرون

مقصودش این نیست که چرا افراد انسان‌ها موجود می‌شوند و ریاضیات عالیه را نمی‌دانند؟ این ناله و بدبینی که بسیاری از امثال مسیح کاشی ابراز می‌کنند، معلول این است که فردی از انسان که موقعیتِ وجودیِ خود را در زندگی احراز نکرده است، چه فایده و نتیجه‌ای برای او در زندگی وجود دارد؟

نیایش امام حسین ﷺ در صحرای عرفات ۱۵۳

حتی این‌گونه بی‌اعتنایی که دربارهٔ شناختِ موقعیتِ وجودیِ انسان از ناحیهٔ بعضی از متفکران منتشر می‌شود، بعید نیست که پس از این، «خودکشی» مانند شکستن یک لیوان آب، بی‌ارزش تلقی شود و بنده به نوبهٔ خود، در این صورت، همین کار را صحیح و منطقی می‌دانم، زیرا چه معنی دارد کسی که نمی‌داند برای چه زندگی می‌کند، و نمی‌داند در این عمر محدود از او چه می‌خواهند و نمی‌داند خوب و بد چه معنا می‌دهد؟ چنین شخصی به عقیدهٔ بنده، عاشقِ چند کاسهٔ خوراک و چند متر پوشاک و به وجود آوردن چند نفر مانند خودش بدبخت بی‌هدف در این جهان است، و **چنین شخصی با کدام منطقی، ناملایمات دنیا را تحمّل کند؟ آیا تنها برای** این که زنده است؟ چه هدف ناچیزی؟

شما در عبارات آینده خواهید دید که جنون بشر به کجا انجامیده است!

تنها یک مسئله جدّی فلسفی وجود دارد و آن این است که چرا زنده‌ایم؟

این که در سطرهای بالا گوشزد نمودیم، یک مشت جملات خوش‌آیند و احساساتی نیست، و گمان می‌کنم اگر هر کس به طور دقیق در مسائل بالا فکر کند، به همان نتیجه‌ای خواهد رسید که بنده بیان نموده‌ام.

روزنامهٔ اطلاعات، مورّخ شنبه ۲۶ آذر ماه ۱۳۴۵، شمارهٔ ۱۲۱۵۹ از ***مجلهٔ تایم*** چاپ آمریکا چنین نقل می‌کند:

> **آلبر کامو** معتقد است: تنها یک مسئلهٔ جدّی وجود دارد که آن هم خودکشی است. به عبارت دیگر: آن چیست که زندگی را با ارزش می‌کند؟ جواب مذهبیِ این سؤال هنوز به قوّت خود باقی است، ولی امروز کم‌تر به آن توجه می‌شود. اکثر مردم، جواب این سؤال را این‌طور پیش خود توجیه می‌کنند: لذتِ زنده بودن و حتی در لحظات ناامیدی، احساس وظیفه سبب می‌شود که انسان زندگی را دوست بدارد.
>
> جواب خود آلبر کامو این است: قیام علیه فلسفهٔ پوچ بیهودگی وجود، بسیار

خوب است، زیرا زندگی، همین قیام است و به همین دلیل خودکشی یک نوع تسلیم است.

آقای آلبر کامو سؤال را بسیار عالی طرح نموده است، ولی جواب او به هیچ وجه قانع‌کننده نیست. این‌گونه جواب را در منطق، مصادره به مطلوب می‌گویند. مصادره به مطلوب این است که انسان به جای این که دلیلی برای اثبات ادعای خود بیاورد، همان ادعا را تکرار کند. مانند این که بگوییم: من علم فیزیک را به خوبی می‌دانم، و اگر از من بپرسند دلیل این ادعا چیست؟ در جواب بگوییم: برای این که من علم فیزیک را خوب می‌دانم! این، همان تکرار ادعاست که از جنبهٔ منطقی نادرست شمرده می‌شود، و حتی نادرست بودن آن، یک حقیقتِ فطریِ بدیهی است.

خلاصه، دانایی به ارزش زندگی، بسته به تشخیصِ موقعیتِ واقعیِ انسان است در دوران عمرش و در داخل جهان طبیعت. این تشخیص همراه با نیّتِ انجام تکلیف، تثبیت‌کنندهٔ موقعیتِ وجودیِ خود خواهد بود که خواه ناخواه، توجه به مبدأ اعلا را ضروری نشان می‌دهد و ما قبلاً هدف زندگی را گفتیم.

۷۴ـ إلهي حَقِّقْني بِحَقائِقِ أَهْلِ ٱلْقُرْبِ وَاسْلُكْ بِي مَسْلَكَ أَهْلِ ٱلجَذْبِ.

خداوندا ! وجودم را با حقایق اهل تقرّب مزیّن فرما و روش اهل گرایش به سویت را به من بیاموز.

کسانی که به درگاه تو تقرّب جُستند و در این جستجو به مراد خود نایل شدند، ثابت‌ترین حقایق برای آنان کشف شده و از نوساناتِ اضطراب‌آورِ شکّ و تردید رهایی یافته، به آرامش یقین رسیدند. آنان با وصول به یقین، به سوی تو جذب شدند. البته ما موجودات انسانی، کوچک‌تر از آن هستیم که با وجودِ ربوبیِ خداوندی اتحادی پیدا کنیم. چنین تصوّری امکان‌ناپذیر

است و هرگز واقعیت نخواهد داشت، اما می‌دانیم که انسان‌ها در نتیجهٔ توجّهاتِ صحیح، کوشش‌ها و مجاهدت‌های عالی در دوران زندگی، می‌توانند عظمتِ روحیِ خود را دریابند. این عظمت روحی چنان است که می‌توان آن را به عنوان شعاع نور خداوندی معرفی نمود.

اِنجذاب به سوی خداوند، تخلّق به اخلاق اوست.

هنگامی که انسان به سوی بی‌نهایت جذب می‌شود، کاملاً درمی‌یابد که وجودِ ضعیف و ناچیزش، عظمتی به خود گرفته است که این الفاظ معمولی قدرت ارائهٔ آن را ندارد و لذتی بالاتر از این حالتِ جذبه وجود ندارد.

۷۵ـ إلهي أغْنِني بِتَدْبيرِكَ لي عَنْ تَدْبيري وَبِاخْتِيارِكَ عَنْ إخْتِياري.

خداوندا ! با تدبیر خود، مرا از تدبیرهای ناقصم بی‌نیاز فرما و از اختیار خود بهره‌مندم کن.

مقداری از حقایق نسبی را با عقول و مشاعر خود درک می‌کنیم، ولی تدبیرِ نهاییِ امور، هیچ‌گاه به ما دست نمی‌دهد. بنابراین، همیشه تدبیرهای ما ناقص و اراده‌های ما کامل نخواهد بود.

اگر محوّلِ حالِ جهانیان نه قضاست
چرا مجاریِ احوال بر خلاف رضاست؟
بلی، قضاست به هر نیک و بد عنان‌کش خلق
بدان دلیل که تدبیرهای ما جمله خطاست
هزار نقش برآرد زمانه و نبود
یکی چنان که در آیینهٔ تصور ماست

اگر در این حالتِ تسلیمِ شگفت‌انگیز، کوچک‌ترین مسامحه‌ای روا بداریم، به حیرت و اضطراب مبتلا خواهیم شد و اگر این تسلیم را نادیده بگیریم، به ورطهٔ احساسِ بی‌نیازیِ منجر به طغیانگری، سقوط خواهیم کرد.

پس باید در این مورد درست بیندیشیم و ببینیم خداوندِ بی‌چون، در امورِ ما چه مقدار دخالت دارد؟

بی‌تردید، عوامل قاهره و علل پیروز، از هر سو ما را احاطه نموده، درون و برون ما پر از شرایط و مقتضیاتی است که استقلال اندیشه‌ها و تدبیرهای ما را منفی می‌سازد، مانند این که:

پیشِ چوگان‌های حکمِ کُن فکان — می‌دویم اندر مکان و لا مکان[1]
برگِ کاهم پیش تو ای تند باد — من چه دانم تا کجا خواهم فتاد؟[2]

اما در همین نظامِ هماهنگِ موجوداتِ جهان طبیعت که ما موجودات انسانی هم یکی از تشکیل‌دهندگان آن هستیم، اختیار و کوشش و فعالیت ما نیز پیش‌بینی شده است. این ماییم که در نظامِ قابلِ انعطافِ طبیعت، واحدهای مربوطه را ایجاد می‌کنیم. این ماییم که در پهنهٔ بی‌کران طبیعت، موج‌های کوچکی که همگی در تشکّل کل دخالت دارند، به وجود می‌آوریم.

پس معنای این که خداوند ما را با تدبیر خود از تدبیر نمودن بی‌نیاز فرماید، چنین می‌شود که عواملِ فعالیتِ ما را که از آن جمله تدبیر و اختیار است، تنظیم فرماید و ما بتوانیم از این عوامل بیش‌ترین بهره‌برداری را داشته باشیم؛ نه این که ما هیچ گونه تدبیر و اختیاری نداشته باشیم، زیرا آن‌چه که آیات قرآنی، دیگر مدارک معتبر اسلامی، عقل سلیم و وجدان گوشزد می‌کنند، این است که جهان هستی جایگاه تلاش و کوشش است، و این ماییم که با تمام کوشش باید با عوامل طبیعت و جهل مبارزه نموده و از آن‌ها به نفع خود در زندگی مادی و معنوی استفاده کنیم.

۱ـ مثنوی معنوی، دفتر اول.
۲ـ همان، دفتر ششم.

۷۶ـ وَأَوْقِفْنِي عَنْ مَراكِزِ اضْطِراري.

خداوندا ! مرا به نقاط اضطرارم آگاه فرما.

مهم‌ترین نقطهٔ نادانی ما که باعث محرومیّت از تکامل مادی و معنوی ما می‌شود، همین است که ما اغلب نمی‌توانیم مواقع اختیار را از نقاط اضطرار تشخیص بدهیم و یا «آنچنانکه باید»، نمی‌توانیم مشخص کنیم؛ خصوصاً با توجه به این که اختیار دارای درجات و مراتب مختلفی بوده، یک حقیقت بسیط و دارای مرز مشخصی نیست که انسان بتواند کاملاً از آن بهره‌برداری کند. در حقیقت، این مسئله مشکل‌ترین مسائل روانی ماست و بدون تردید ما هر اندازه بتوانیم کارها را از روی اختیار انجام دهیم، به همان اندازه دارای تعالی بوده و استقلال روانی خواهیم داشت. بنابراین، این جمله از نیایش، یکی از باعظمت‌ترین جملات حکمت و عرفان است که ما سراغ داریم. مسئلت ما از درگاه خداوندِ بی‌چون این است که ما را به تشخیص همهٔ موقعیت‌های روانیِ خود موفق کند تا اختیار را از اضطرار بازشناسیم.

بارپروردگارا ! جلوهٔ انسانی ما همان موقع است که ما کاری را از روی اختیار انجام می‌دهیم؛ یعنی همهٔ مسئولیت‌ها بر مدار اختیار ما دور می‌زند.

انسان است که مسئول قرار می‌گیرد و شخص با اختیار، هرگونه مسئولیت مربوطه را بر خود می‌پذیرد.

بنابراین، جایگاه اعتلا و یا سقوط، همان موقع است که ما اختیار داریم. پس حسّاس‌ترین موقع ما، هنگام دارا بودن پدیدهٔ اختیار است که ما شخصیتِ انسانیِ عالی داریم، و با اختیار است که ما به پست‌تر از درجهٔ حیوانی سقوط می‌کنیم.

تحصیل اختیار، یعنی به دست آوردن بزرگ‌ترین وسیله برای تعیین سرنوشتِ واقعیِ انسانی.

بهره‌برداری از اختیار، یعنی بهره‌برداری از منحصرترین وسیله برای بزرگ‌ترین هدف‌ها.

جلوه‌های اختیار بسیار کوتاه مدت است، ولی از حیث چگونگی و تأثیرات آن در سعادت و شقاوت ما، نقش عامل انحصاری را به دست دارد. ما که می‌دانیم مشعل ظریف و حسّاس اختیار در مقابل تندبادهای حوادث درونی و برونی تاب مقاومت ندارد.

رودخانهٔ همیشه در جریانِ روحِ ما در اغلب اوقات گل‌آلود و تیره و مکدّر است. یا انبوهِ امواجِ این نهر اسرارآمیز، چنان مبهم و تاریک است که نمی‌توانیم نقاط زلال آن را که در آن جا «من» از بادپای هر گونه عوامل اختیار در امان است، تشخیص بدهیم. علل و معلولات نسبی، بدون فاصلهٔ زمانی به حرکت و جنبش درمی‌آیند و فضایی را اشغال نمی‌کنند تا با نقاطِ هندسیِ معیّن، آن‌ها را از یکدیگر تفکیک کنیم.

تقدّم، تأخّر، فعل، انفعال، جریان واحدهای ناخودآگاه و سرازیر شدن آن‌ها به خودآگاه، و بر عکس، عوامل اراده و تصمیم، چنان جریان درونی را ابهام‌آمیز می‌نماید که در نتیجه، نمی‌توانیم زلال را از تیره و تاریک را از روشن تفکیک کنیم. اما با این احوالِ حیرت‌انگیز، این مقدار درک می‌کنیم که گاهی «من» مالکِ خود بوده و گاه دیگر «من» خود را باخته است، و لحظهٔ اختیار ما همان موقع است که مالک خویشتن بوده و خود را نباخته‌ایم.

ای خدای جهان هستی، ای دانای آشکار و نهان، ای ناظر مطلق بر امواجِ توفان‌های روحی ما! قدرت و نیروی تمییز به ما عطا فرما تا در شناخت اضطرار و اختیار متحیّر نشویم و «من» را در بادپای عوامل اجبار رها نکنیم، زیرا:

موج‌های تیز دریاهای روح | هست صد چندان که بُد توفان نوح[۱]
ای برادر، عقل یک دم با خود آر | دم به دم در تو خزان است و بهار[۲]

۷۷ـ إلهي أخْرِجْني مِنْ ذُلِّ نَفْسي وَطَهِّرْني مِنْ شَكّي وَشِرْكي قَبْلَ حُلُولِ رَمْسي.

خداوندا! مرا از ذلّت نفس برکنار و از اضطراب شکّ و کثافتِ شرک تطهیر فرما.

بدترین حالت سقوط انسانی، هنگامی است که «خود»، پستی و دنائت خویشتن را احساس نکند، زیرا این احساس، بدون در نظر گرفتن ایده‌آل که رسیدن به آن را نصب‌العین خود قرار داده، امکان‌ناپذیر است. از این‌رو، کسانی که در این دنیا هیچ‌گونه ایده‌آلی ندارند، نه برای آنان احساس سقوطی وجود دارد و نه اعتلایی؛ حتی برای آنان نه نیکی وجود دارد و نه بدی. مانند این است که اصلاً آنان در این دنیای رو به هدف زندگی نمی‌کنند؛ به همه چیز بی‌خیالند و از همهٔ حقایق روی‌گردان. آن‌ها تنها در صدد هستند تا شکاری پیدا کنند و بدرّند و بخورند و سیر شوند!

پس برای این که ما در این زندگی، عمر خود را بیهوده تلف نکنیم، ایده‌آلی را نیازمندیم و برای این که آن ایده‌آل برای ما محقّق شود، باید در این راه کوشش کنیم و آن را به دست بیاوریم. این ایده‌آل است که با تقصیر در راه رسیدن به آن، ذلّت و پستی، و در صورت پیروی از آن، تکامل و تعالی خواهیم داشت.

یکی از بدترین بیماری‌های روحیِ ما، شکّ و تردید است. شکّ و تردید، روح انسانی را از استقامت و اعتدال ساقط می‌کند.

۱ـ مثنوی معنوی، دفتر ششم. ۲ـ همان، دفتر اول.

باید در نظر گرفت که شک با توجه به موضوع آن، انواع مختلفی پیدا می‌کند:

گاهی موضوع شک، یک پدیدهٔ غیر قابل اهمیت است، خواه آن پدیده‌ها از امور مادی باشد و خواه از امور معنوی. در این‌گونه موضوعات، ناراحتیِ بیماریِ شک چنان شدید و سخت نیست که با ادامهٔ آن، روح انسانی از حرکاتِ عادیِ خود فلج باشد.

گاهی موضوع شک از امور با اهمیت به شمار رفته، با حیات انسانی وابستگی دارد. در این صورت، ادامهٔ شکّ و تردید، بیماری روح را شدیدتر نموده، تا آن جا که ممکن است زندگی انسان را با خطر مواجه کند.

برای کسی که می‌خواهد در این جهان به طور محاسبه‌شده زندگی کند، هیچ موضوعی مهم‌تر از مسئلهٔ آفرینندهٔ مطلق وجود ندارد. اگر این موضوع برای انسانِ آگاه مشکوک باشد، به بیماری شکنجه‌زایی مبتلا خواهد بود.

ای اختیار، ای زیباترین نامی که عالی‌ترین حقیقت را در بر گرفته‌ای! ای حسّاس‌ترین وسیلهٔ سنجشِ انسان‌ها! گروهی از تو گریزانند و جمعی به ضرورت و عظمتِ تو، ثناخوان.

درون انسان‌هایی که به موقعیتِ واقعیِ خود آگاهند، از تو شکفته و رازِ زندگیِ پر غوغای همهٔ ما در تو نهفته است. با نادیده گرفتنِ تو که روپوشی به جریانات حیوانی خود می‌اندازیم، اساسی‌ترین عامل شخصیت خود را زیر پا می‌گذاریم و حتی خود این کار را با اختیار انجام می‌دهیم، زیرا هنگامی که می‌خواهیم اختیار را منکر شویم، بدون شک، اختیار را درک نموده‌ایم و اگر کسی اختیار را کاملاً درک کند، احساسِ وجودِ او را نمی‌تواند نادیده بگیرد. در این صورت، خواهد دید که هیچ گونه عامل اجباری برای انکار آن در اختیار ندارد.

هر اندازه بکوشیم که با یک عده الفاظ یا اصطلاحات مأخوذ از طبیعت

خارجی، تو را از مقابل دیدگان انسانی برداریم، عبث و بیهوده خواهد بود، زیرا تو لحظات فراوانی بر قیافهٔ درونیِ ساختگیِ ما خیره می‌شوی و موجودیت ما را به ما نشان می‌دهی.

ما می‌خواهیم تو را انکار کنیم تا نیک و بد را نفی کنیم. نیک و بد را نفی می‌کنیم تا تکلیف را نادیده و سرسری بگیریم، در نتیجه، هیچ دلیلی برای هیچ گونه مفهوم عالی دربارهٔ انسان‌ها که مغزها و کتاب‌ها را پر کرده است، در دست نخواهیم داشت.

ای اختیار! هنگامی که با مفاهیم و قضایای عقلی‌نما دربارهٔ تو رسیدگی می‌کنیم، چه سفسطه‌ها که برای نفی تو نمی‌بافیم و چه مغالطه‌ها که برای کور کردن بینش خود به کار نمی‌بریم! پشیمانی و خجلت، قسمی از دریغ است که از بارقهٔ وجودِ گذشتهٔ من خبر می‌دهد و آشکارا می‌گوییم افسوس که:

تشنه به کنار جوی چندان خفتم　　　کز جوی من آب زندگانی بگذشت

ما که می‌دانیم لحظاتِ اختیارِ کامل، فرصت اندکی دارند.

ما که می‌دانیم اغلب کارهای ما را اضطرار و اکراه و اجبار و عادت احاطه نموده است، ولی با همین لحظات اندک است که هویّتِ شخصیتِ ما در عرصهٔ هستی، خود را درمی‌یابد و معنادار بودن خود را در دنیای معنی‌دار درک می‌کند.

۷۸ـ بِكَ أَنْتَصِرُ فَانْصُرْنِي وَعَلَيْكَ أَتَوَكَّلُ فَلا تَكِلْنِي وَإِيّاكَ أَسْأَلُ فَلا تُخَيِّبْنِي وَفِي فَضْلِكَ أَرْغَبُ فَلا تَحْرِمْنِي.

بارخدایا! از تو یاری می‌جویم، یاورم باش. اعتمادم و توکّلم به توست، مرا به خودم وامگذار. سؤالم از توست، مأیوسم مکن. رغبتم به فضل و احسان توست، محروم و ناامیدم مفرما.

۷۹ـ وَبِجَنابِكَ أَنْتَسِبُ فَلا تُبْعِدْني وَبِبابِكَ أَقِفُ فَلا تَطْرُدْني.

خداوندا ! به تو منسوبم، مرا از خود دور مگردان، و به درگاهت ایستاده‌ام، طردم مفرما.

پاک پروردگارا، مهربان خداوندا ! من به تو منسوبم، از بارگاهت دورم مفرما. اگرچه قطرهٔ پشیزی در اقیانوسِ بی‌کرانِ جهانِ هستی هستم، اما آن ذرّهٔ بی‌مقدارم که به آفتابِ فروزانِ وجودِ تو منسوبم. و به همین جهت است که هرگز نومید نخواهم شد، زیرا قطره‌ای در آن اقیانوسم که از تو و به سوی توست. و آن ذرّهٔ بی‌مقدارم که در فضای بی‌کران، به هوای مِهر درخشانِ سرمدی‌ات در جنبش و حرکتم. خداوندا:

آفتاب مِهرت اَر بر ذره تابیدن بگیرد

ذرّه بر رقص آید و بر چرخ بالیدن بگیرد

پروردگارا ! در امتداد زندگی به طمع وصول به مقصد، راه‌ها پیموده و هزاران درها زده‌ام، ولی هیچ گونه صدای آرامش‌بخشی به گوشم نرسیده است. هر دری که می‌زدم و جوابی نمی‌شنیدم، گمان می‌کردم که اگر درِ دیگری بزنم، به منزلگاه مقصود بار خواهم یافت، ولی هر دری که به رویم باز شد، در مقابل خود، بیابان هولناک و جنگل سحرآمیزی دیدم، تا آن‌گاه که درِ بارگاهِ تو را زدم؛ دیگر از این در به سوی دیگر رهسپار نخواهم شد. این‌جا مقصدنهایی من است و تمام راه‌های حقّ و حقیقت به این بارگاه می‌پیوندد.

درِ دیر بود، جایم به حرم رسید پایم

به هزار در زدم تا درِ کبریا زدم من

قدم وجود در بارگه قِدَم نهادم

عَلَم شهود در پیشگه خدا زدم من

حکیم صفا اصفهانی

این جا، آستانِ معتکفینِ حرمِ سِرّ عفافِ ملکوت است. کسی که تا این آستان خود را رسانده است، برای او ردّ و طردی وجود ندارد.

۸۰ ـ إلهي تَقَدَّسَ رِضاكَ أنْ تَكوُنَ لَهُ عِلَّةٌ مِنْكَ فَكَيْفَ تَكونُ لَهُ عِلَّةٌ مِنّي؟

خداوندا ! رضای تو پاکیزه‌تر از آن است که علتی از خودِ تو برای آن وجود داشته باشد. کجا رسد که علت رضای تو از من باشد؟

۸۱ ـ إلهي أنْتَ ٱلغَنِيُّ بِذاتِكَ أنْ يَصِلَ إلَيْكَ النَّفْعُ مِنْكَ فَكَيْفَ لا تَكُونُ غَنِيّاً عَنّي؟

الهی، تو بی‌نیازتر از آن هستی که سودی از خودِ تو به تو برسد. کجا مانده که سودی از طرف من به تو عاید شود؟

رضایت و آرامش، پدیده‌هایی هستند که معلولِ برآورده‌شدن خواسته‌ها و احتیاجات موجود می‌باشند.

این خود مستلزم آن است که آن موجود، احتیاج به برآورده شدن موضوعِ خواهش و رغبت دارد. خواه برآورده‌شدن آن احتیاج از ناحیهٔ خود آن موجود باشد و خواه از طرف دیگری. ذاتِ پاکِ پروردگارِ ما، منزّه‌تر از آن است که احتیاجی به موضوعی داشته باشد، یا آن را بخواهد و در صورت برآورده‌شدن، رضایت و آرامش حاصل نماید.

اینک، با این برهان به استغنای مطلق تو، به احتیاج و مستمندی خود پی می‌برم و احساس می‌کنم که نتیجهٔ هر گونه سعی و کوشش من به خود من عاید خواهد شد و کوچک‌ترین تأثیری به مقامِ شامخ تو نخواهد داشت.

۸۲ ـ إلهي إنَّ ٱلقَضاءَ وَٱلقَدَرَ يُمَنّيني وَإنَّ ٱلهَوى بِوَثائِقِ الشَّهْوَةِ أسَرَني فَكُنْ أنْتَ النَّصيرَ لي حَتّى تَنْصُرَني وَتُبَصِّرَني وَأغْنِني بِفَضْلِكَ حَتّى أسْتَغْنِيَ بِكَ عَنْ طَلَبي.

پروردگارا! قضا و قَدَر مرا به آرزوها وادار می‌کند و هویٰ و هوس با طناب‌های مستحکمِ شهوات، اسیرم نموده است. یاورم باش تا یاری‌ام کنی و بینایی‌ام بخشی. با فضل و احسانت مرا مستغنی فرما، تا از هر گونه خواهش و سؤال از دیگران بی‌نیاز شوم.

حلقه‌های پیوستهٔ موجودات که قلمرو قضا و قَدَر هستند، در درونم ایجادِ آمال و آرزوها می‌کنند.

می‌گویم: فردا روی آن عوامل مشخص به مرادم خواهم رسید.

می‌گویم: اگر فلان کار را انجام دهم، به طور جزم، مقاصد مطلوبم را به دست خواهم آورد.

قضایایی که در گذشته باعث موفقیّت من شده بود، مشابه آن‌ها را در آینده تصوّر نموده، همان عوامل را دوباره وسیله‌ای برای رسیدن به مقصود به حساب می‌آورم.

چه آرزوهای دور و دراز، و چه آمالِ عملی نشدنی که در ذهنم نمی‌پرورانم!

هزاران افسوس که هرگز به خود نمی‌آیم؛ هر چند برای یک بار با خود نمی‌گویم:

دلت خانهٔ آرزو گشته است و زهر است آرزو
زهر قاتل را چرا با دل همی معجون کنی

ناصر خسرو

آخر، چرا بنشینم و منتظرِ جریانِ سلسلهٔ قضا و قدر باشم؟

چرا به امید آن که یکی از حلقه‌های این زنجیر، روزی به مراد من کمک خواهد کرد، به زانو بنشینم تا آسیاب حوادث مرا خُرد کند؟ چرا در مخالفت با قضا و قَدَر که زندگیِ با تلاش در زیر این چادر پهناور است، اصرار بورزم؟

این من هستم که با کوشش و فعالیت خود، سرنوشت قضا و قدر را تا آن جا که مربوط به فعالیت اختیاری من است، تعیین می‌کنم.

قناعت کردن به آرزو و نشستن در انتظارِ جریانِ حوادث، همانند آن کسی است که در سیل‌گاه مخوف بنشیند و بگوید: هنگامی که سیل خروشان به جریان افتد و به سوی من سرازیر شود، تخته پاره‌ای با خود خواهد آورد و من روی آن تخته‌پاره آرام گرفته و نجات پیدا خواهم کرد!

اگر من عاقل باشم و اگر من به موقعیّتِ وجودیِ خود، حقیقتاً آگاه باشم، از آن سیل‌گاه بیرون می‌روم و قضا و قدرِ خود را مأمنی دور از سیل‌گاه بنیان‌کن قرار می‌دهم. آه، که از یک طرف به امید قضا و قدر نشسته و از طرف دیگر، طناب‌های مستحکم شهوات، چنان مرا اسیر کرده است که نمی‌توانم آزاد بیندیشم و آزاد عمل نمایم.

خداوندا ! این منم با این آرزوهای دور و دراز. این منم اسیرِ بندِ شهوتِ حیوانی؛ نمی‌دانم چرا این اندازه از واقعیات می‌گریزم؟ نمی‌دانم چرا بیش‌تر دوران عمرم را بدون رعایتِ اصولِ واقعیِ بود و نمود سپری می‌کنم؟

فرداست که پیک اجل از در درآید و قاصد مرگ، گریبان وجودم را بگیرد و گرد و غبار وجودم را در صحرای نیستی به هوا بپاشد و استخوان‌های پوسیده‌ام، اسبابِ بازیچهٔ روستا بچگانی باشد که با گاوآهن خود، زمین را متلاشی می‌کنند.

خداوندا ! یاری‌ام کن، یاورم باش، بینایی‌ام ببخش، و پیش از آن که این چند روزهٔ محدود سرآید، مرا به ارزشِ موقعیتِ انسانی‌ام آشنا فرما.

ما نمی‌خواهیم غیر از دیده‌ای — دیدهٔ تیزی گُشی بگزیده‌ای[۱]

۱ـ مثنوی معنوی، دفتر ششم.

۸۳ ـ أَنْتَ الَّذي أَشْرَقْتَ الْأَنْوارَ في قُلُوبِ أَوْلِيائِكَ حَتّى عَرَفُوكَ وَوَحَّدُوكَ وَأَنْتَ الَّذي أَزَلْتَ الْأَغْيارَ عَنْ قُلُوبِ أَحِبّائِكَ حَتّى لَمْ يُحِبّوا سِواكَ وَلَمْ يَلْجَؤُوا إِلى غَيْرِكَ.

خداوندا! تویی که انوارِ ربوبی خود را در دل‌های اولیاء خود فروزان نمودی تا این که تو را شناختند. و تویی که از دل‌های آنان، اغیار را محو کردی تا به غیر از تو محبت نورزیدند و به غیر از تو پناه نبردند.

دل سرای توست، پاکش دارم از آلودگی
کاندرین ویرانه مهمانی، ندانم کیستی؟

شناخت واقعی و یگانه‌پرستیِ حقیقی، به عنایت و لطف تو نیازمند است که انوار خود را در قلوبِ پاکانِ اولاد آدم فروزان نمایی و آنان را از نعمت عظمای معرفت و توحید بهره‌مند کنی. وقتی آنان مجاهده کردند و وجدان خود را از کثافت‌های درونی پاک نمودند، راه را به آنان نشان دادی:

وَ ٱلَّذِينَ جَاهَدُوا فِينَا لَنَهْدِيَنَّهُمْ سُبُلَنَا.[۱]

کسانی که در مسیر ما مجاهدت می‌کنند، قطعاً آنان را به راه‌های خود هدایت خواهیم کرد.

آنان تقوا پیشه کردند و در نتیجه به مقامِ شامخِ علم و معرفت رسیدند:

وَ ٱتَّقُوا ٱللَّهَ وَ يُعَلِّمُكُمُ ٱللَّهُ.[۲]

شما به خدا تقوا بورزید، خداوند به شما تعلیم خواهد کرد.

آری، آنان با خود محاسبهٔ دقیق نمودند و چنین نتیجه گرفتند که هر چه غیر از توست، باید از دل بیرون رود و با تمام موجودات جهان هستی که می‌تواند انسان را به سوی خود جلب کند، چنین خطاب نمودند:

۱ـ سورهٔ عنکبوت، آیهٔ ۶۹.
۲ـ سورهٔ بقره، آیهٔ ۲۸۲.

دل بـه یـادِ تـو گـهی بـر یادِ اوست   رو که در یک دل نمی‌گنجد دو دوست

آری:

نقش جمال یار را تا که به دل کشیده‌ام

یکسره مهر این و آن از دلِ خود بریده‌ام

٨٤ ـ أَنْتَ ٱلْمُونِسُ لَهُمْ حَيْثُ أَوْ حَشَتْهُمُ ٱلْعَوالِمُ.

در آن هنگام که آنان از بی‌پایگی جهان و جهانیان به وحشت افتند، تو مونس و یاور آن‌هایی.

یک چند پی زینت و زیور گشتیم   در عهد شباب

یک چند پی دانش و دفتر گشتیم   کردیم حساب

چون واقف از این جهانِ اَبتر گشتیم   نقشیست بر آب

دست از همه شستیم و سمندر گشتیم   یارب یارب

تا زمـانی کـه فـرد انسـانی رشـد فکـری و وجـدانـی پـیدا نکـرده بـاشد، مـوجوداتِ رنگـارنگِ ایـن جـهان طـبیعت بـرای او جـالب، دل‌انگـیز و انبساط‌بخش است، مانند آن کودکِ تازه پا به هستی گذاشته‌ای کـه هـمه چیز او را مـی‌رباید و هـمه چـیز او را بـه سـوی خـود خـیره مـی‌کند، تـمام شخصیت خود را بـا یک مـوجودِ جـالب تـفسیر مـی‌نماید. آری، کـودک در مقابل اسباب بازی‌های مناسب، خـود را مـی‌بازد و بـه تـدریج کـه فـعالیت ذهنی او به سمت تکامل می‌رود، حقایق زندگی برای او قیافهٔ جدی نشان می‌دهد. با شئونِ بی‌ارزشِ زندگی، خود را سـرگرم نـمی‌کند، زیـرا آن‌هـا بـه تدریج به صورت اشیاء بی‌ارزش و بی‌اهمیت درمی‌آیند. باز وقتی به درجاتِ عالی‌ترِ زندگی قدم گذاشت، خصوصاً اگر اهل دانش و بینش هم باشد، آن وسایل بازی و تفریح کودکانه برای او جنبهٔ مزاحمت خـواهـد داشت، زیـرا

دیگر، حلِّ مسائلِ عالیِ ریاضی یا غوطه‌ور شدن در امواج پر پیچ و خمِ مسائل اقتصادی، یا مشکلات دیگر، در طیّ مراحلِ احرازِ شخصیتِ اجتماعی، و بالاتر از همهٔ این‌ها، تصدّی به مقام رهبری انسان‌ها، وسایل سرگرمی دوران کودکی را برای او نامفهوم جلوه داده و از اشتغال به آن وسایل که در نتیجه، مساعی او را در وصول به مقاصدِ عالیِ زندگی خنثی خواهد کرد، وحشت و اجتناب خواهد نمود.

این‌جهان هم‌چون درخت‌است ای کِرام ما بَرو چون میوه‌های نیم خام
سخت گیرد خام‌ها مر شاخ را زآن که در خامی، نشاید کاخ را
چون بپخت و گشت شیرین لب گزان سست گیرد شاخ‌ها را بعد از آن
چون از آن اقبال شیرین شد دهان سرد شد بر آدمی مُلکِ جهان[1]

حالِ افرادِ آگاه از همین قرار است، زیرا هنگامی که با بینایی کامل به احوال و اوضاع این جهان می‌نگرند، می‌بینند که هیچ یک از این پدیده‌ها با آن تنوع و گسترش و با آن همه جلال و جمال و فعالیتِ بی‌نهایت، نمی‌توانند روح را اشباع کنند. بنابراین، با تمام جدّ و جهد در تنظیم زندگی می‌کوشند و همان اهمیت را به فعالیت زندگی قائلند که به فعالیت‌های ماورای طبیعیِ روح، زیرا دو روی «منِ طبیعی و ماورای طبیعی»، بدون هماهنگی، قدرت اعتدال را ندارند. این است مقدمهٔ وصول به آرمانِ نهاییِ روح که می‌تواند فعالیتِ نامحدودِ روح را اشباع کند.

۸۵ ـ وَأَنْتَ الَّذي هَدَيْتَهُمْ حَيْثُ اسْتَبانَتْ لَهُمُ الْمَعالِمُ.

هنگامی که برای آنان، نشانه‌های باعظمتِ تو آشکار شد، آنان را رهبری فرمودی.

۱ـ مثنوی معنوی، دفتر سوم.

عزم ره چون قاصد شیدا کند　　مقصد آیا راهرو پیدا کند

هنگامی که آنان برای شناختِ حقایقِ جهان هستی و درک تکیهٔ همهٔ آن‌ها بر عظمت و قدرتِ تو گامی برداشتند، دست آن‌ها را گرفتی و به آن سوی طبیعت ارشادشان نمودی. چندی کوی محدود را با اخلاص و نیّت پاک پیمودند، دروازهٔ هفت شهر عشق را به روی آنان گشودی. خانهٔ دل را از کثافاتِ هویٰ و هوس پاک کردند، انوار خود را بر آن ظلمتکده، فروزان فرمودی.

۸۶ ـ ماذا وَجَدَ مَنْ فَقَدَكَ وَمَا الَّذي فَقَدَ مَنْ وَجَدَكَ.

کسی که تو را از دست داده، چه به دست آورد؟ و کسی که تو را پیدا کرد، چه از دست داده است؟

برای ما در امتداد زندگی، اشیاء بسیار جالبی وجود دارد: ثروت، شهرت، مقام، رسیدن به هر گونه آمال و آرزوها، پیروزی بر عوامل مزاحم و اشباع غرایز به طور عموم، و شخصیت و همهٔ این‌ها، برای ما جالب و مهم است.

همهٔ این‌ها مزایای زندگی ما هستند؛ چه فداکاری‌ها و جانبازی‌ها که در راه وصول به آن‌ها انجام نمی‌دهیم! هر یک از این‌ها به طور اختیار یا اضطرار، می‌تواند روح بزرگ ما را کاملاً خریداری نموده و عمر گران‌بهای ما را در خود مستهلک کند.

از آن طرف، امور مذکور، در حدود اعتدال و قانونی برای زندگی فردی و دسته‌جمعی ما، ضرورت یا شِبه ضرورت دارند. حال، چه باید کرد؟ آیا در گوشه‌ای بنشینیم و چون که روحِ باعظمتِ ما را نباید این امور مشغول کند، زندگی را عاطل و باطل بگذرانیم و بگذاریم هر چه می‌شود، بشود؟ و عوامل مزاحم انسانی و طبیعی، طومار زندگی ما را در هم نوردد؟ یا برای موفقیت در زندگی و ادامهٔ حیثیّت فردی و اجتماعی، در تحصیل و تنظیم آن امور

بکوشیم؟ تاکنون اغلب افراد انسانی و متأسفانه حتی بعضی از متفکران یا متفکرنماها، نتوانسته‌اند از محاصرهٔ این دو سؤال برآیند، و چنین گمان کرده‌اند که ما باید یکی از دو طرف را انتخاب کنیم: یا به دست آوردن امور مذکور برای مبارزه در میدانِ پر غوغای زندگی و ادامهٔ حیات، یا پرداختن به روح و کنار گذاشتن تمام پدیده‌های مربوط به زندگیِ طبیعی.

این محاصرهٔ ساختگی، قرن‌های طولانی است که انسان را از درک حقایق عاجز نموده و در زیرِ بارِ این تناقضِ ساختگی، قدّ خود را خم نموده و نفس‌زنان به زندگی سحرآمیز و بی‌سروته ادامه می‌دهد. مگر ما نمی‌توانیم کوشش برای تحصیل زندگی منظم را یکی از وسایلِ عالیِ پرورشِ روح قرار دهیم؟ مگر ما نمی‌توانیم فرا گرفتن دانش و صنعت را برای هماهنگ ساختن زندگی مادی و معنوی، دستور الهی نامیده و موجب پیشرفت روح بدانیم؟ مگر دانشگاه و کارگاه و سجده‌گاه (مسجد) و هر گونه معبد، از حیث این که همهٔ آن‌ها برای ادامهٔ حیات مادی و معنوی ما ـ که مطلوب آفریدگار جهان است ـ تفاوتی دارند؟

جواب هر دو سؤال مثبت است. نهایت امر این است که نتایج و علل کارگاه و دانشگاه را مانند بت نپرستیم و به آن‌ها منحصر نکنیم و بدانیم که این جایگاه‌ها اگرچه جنبهٔ انحصار در حیات ما دارند، ولی به عنوان یک وسیله نه به عنوان هدف نهایی. این‌جاست که برای انسانِ بینا، تناقض‌ها و تضادها از بین می‌روند و حقیقت به عنوان یک واحد روشن در مقابل چشمان آن‌ها نهاده می‌شود، زیرا کسی که خدا را می‌بیند و می‌گوید: من بدو منسوبم، برای او ثابت شده است که مقتضای مشیّت او عبارت است از دانستن، توانستن و گام برداشتن در راه به دست آوردن یک زندگی پاک. او نباید گوهر گران‌بهای هستی را عاطل و باطل از دست بدهد. اما اگر ما توجهی به آفرینندهٔ مطلق نداشته باشیم و اگر موقعیتِ وجودیِ خود را به او

منسوب نکنیم و خود را گسیخته و رها از هر گونه محاسبهٔ الهی بدانیم، چه واقعیتی را به دست آورده‌ایم؟ آری، فقط خورده‌ایم و آشامیده‌ایم و لذت برده‌ایم و چند روزی اسبِ مراد تاخته و در صورت لزوم و حتی در صورت غیر لازم، به دیگر موجودات زنده تعدّی نموده و مانند یک حیوان درّنده، دریده و بریده و خورده و خوشحال هم هستیم.

ای خدای دانا و مهربان! کسی که تو را دارد، به همه چیز از نظر وسیله‌ای خواهد نگریست و همهٔ آن‌ها را خواهد داشت و فقدان آن‌ها برای او مؤثر نیست. اما کسی که تو را از دست داده، فاقد همه چیز است و چیزی برای او سودمند نخواهد بود.

در حقیقت، حال ما رقّت‌بار است اگر زندگی ما این‌گونه سپری شود:

یک چند به کودکی به استاد شدیم — یک چند به استادیِ خود شاد شدیم
پایان سخن شنو که ما را چه رسید — از خـاک بـرآمـدیم و بـر بـاد شـدیم
خیام

۸۷ ـ لَقَدْ خابَ مَنْ رَضِيَ دوُنَكَ بَدَلاً وَلَقَدْ خَسِرَ مَنْ بَغى عَنْكَ مُتَحَوِّلاً.

کسی که غیر از تو را عوض از تو گرفت، مأیوس شد، و کسی که غیر از تو را از موجودات متغیّر جستجو نمود، خسارت برد.

یا رب غم آن‌چه غیر تو در دل ماست — بردار که بی‌حاصلی از حاصلِ ماست

صورت‌های رنگین و فریبای جهان هستی، دمی چند ما را به خود جلب می‌کند. آن‌گاه صورت جالب‌تری، نقش اوّلی را از روح ما محو نموده، به جای آن ما را به خود می‌کشانَد، و هم‌چنین هر روز در دنبال نیکویی نیکوتری به سراغ ما می‌آیند و مانند روغنی که به ارّهٔ نجاری بکشند تا چوب را کاملاً و سریع‌تر ببرّد، عمر ما را قطع می‌کند. هنگامی که دقت

می‌کنیم، می‌بینیم همهٔ فریب‌ها و خودسری‌ها و بازی‌های کودکانه، یک علت بیش‌تر ندارد، و آن هم خودپرستی است که سراسر عمر ما را احاطه کرده است.

خداوندا ! عنایتی فرما و ما را به خود بشناسان. ارزش ما را برای ما معرفی فرما تا ببینیم ما چه اندازه باید به خود بپردازیم؟ شأن ما چیست؟ موقعیت واقعی ما در جهان هستی کدام است؟

این خودپرستی است که ما را به بت‌پرستی کشانده است.

ایـن خـودپرستی است کـه مـا را از ارزیابیِ حقیقیِ وجودِ خـود مـنع می‌نماید. آری:

آسان آسان ز خود امان نتوان یافت　　وین شربت شوق رایگان نتوان یافت
زان می که عزیزِ جانِ مشتاقان است　　یک جرعه به صد هزار جان نتوان یافت
تا ظن نبری کز آن جهان می‌ترسم　　وز مردن و از کندنِ جان می‌ترسم
چون مرگ حق است، من چرا ترسم ازو　　من خویش پرستم و از آن می‌ترسم

این وجود ناچیز که چند صباحی در این خاکدان مانند کرم محقّری می‌لولد، چه جای پرستش است؟ این موجود که اسیر هویٰ و هوسِ زودگذر است و هر ساعتی به شکلی فریفته می‌شود، چه قیمتی دارد که سزاوار پرستش باشد؟ چه اندازه سوزناک است و چه مقدار اسف‌بار که پرستش این وجودِ ناچیز را جایگزین پرستش خدای بی‌چون و قادر مطلق و دانای ازلی و ابدی که تمام حوادث وجود ما تحت محاسبهٔ اوست، قرار بدهیم!

۸۸ ـ كَيْفَ يُرْجى سِواكَ وَأَنْتَ ما قَطَعْتَ الإحْسانَ وَكَيْفَ يُطْلَبُ مِنْ غَيْرِكَ وَأَنْتَ ما بَدَّلْتَ عادَةَ الإمْتِنانِ.

چگونه به غیر تو امیدوار باشند، در صورتی که احسان تو همیشگی و قطع نشدنی است؟ و چگونه از دیگری بخواهند، حال آن که شیوهٔ عطابخشی تو

تغییر نمی‌پذیرد!

دست حاجت چو بری، پیش خداوندی بر
که کریم است و رحیم است و غفور است و ودود

در تمام لحظات زندگی، هرگز خود را در کمال مطلق نمی‌بینم؛ نقص مادی و معنوی با شکل‌های گوناگون مرا احاطه نموده است. اگر به همین وضعِ موجودِ خود قناعت کنیم، تفاوت ما با حیوان چیست؟ اما هنگامی که به درون خود می‌نگریم، می‌بینیم با توجه به نقص و استعدادِ وصول به کمال، همیشه یک مبارزهٔ نهانی میان نقص و کمال‌جویی در درون ما وجود دارد؛ کیست که ما را در این مبارزه رهبری خواهد کرد؟ کیست که برای ما قوّت قلب بخشیده و در این مبارزه پیروزمان خواهد کرد؟ کیست که دست امید به سوی او دراز کنیم و قوّت و نیرو بطلبیم؟ تو ای غایتِ کمال، تو ای نیروبخشِ دل و جان؛ تو ای هدایت‌کنندهٔ موجودات به سوی کمال که نیروبخش تمام موجودات هستی و راهنمای هر حرکت‌کننده‌ای، به ما نیرو عطا کن و راهنمایی فرما.

۸۹ ـ یامَنْ أذاقَ أَحِبّاءَهُ حَلاوَةَ الْمُؤانَسَةِ فَقامُوا بَيْنَ يَدَيْهِ مُتَمَلِّقينَ.

ای خداوندی که شیرینی انس را به دوستان خود چشانده و آنان در کمال خضوع در بارگاهش تملّق‌گویان ایستادند.

عشّاقِ درگاهِ جلال و جمالت، حلاوتِ انسِ تو را چشیدند. لحظات زندگی آنان با لذایذ فراتر از تصور سپری می‌شود و وحشت و انتظار هرگز بر وجود آنان پیروز نمی‌شود. آنان با اُنس و اُلفتی که با تو گرفته‌اند، مبارزهٔ روح با ماده را به یک هماهنگی عالی مبدل ساخته و تلخیِ جانگزای زندگی را به شیرینی روح‌افزا مبدل ساخته‌اند.

آری:

هر دم از روی تو نقشی زَنَدم راه خیال
با که گویم که در این پرده چه‌ها می‌بینم

حافظ

***

ای مقیمان دَرَت را عالَمی در هر دمی رهروانِ راه عشقت هر دمی در عالَمی

خواجوی کرمانی

***

هر نظرم که بگذرد جلوهٔ رویَش از نظر بار دگر نکوترش بینم از آن که دیده‌ام

مولوی

افراد فراوانی از بشریت، با پرستش زیبایی‌های جهان ماده، به شکنجهٔ بیماری تنفّر از مکرّرات مبتلا هستند و تکرار بهره‌مندی از پدیده‌های جالبِ جهانِ طبیعت، روح را از جریانِ تازه‌گرایی بازداشته و آنان را پژمرده می‌کند. شگفت‌انگیزتر این که وقتی اندک توجهی به آنان رو می‌نماید، جام زرّین زندگی را که گاهی با خندهٔ بی‌اساس و گاهی با اشک‌های سوزان ولی بی‌پایه، لب بر کنارهٔ آن نهاده بودند، احساس می‌کنند که این جام زرّین باده‌ای نداشته است و احساسِ لذتِ دروغین، صفحات عمر آنان را تا آخرین ورق برگردانده است.

بیایید لذایذ زندگی خود را با لذت انس و الفت با خدا هماهنگ کنیم. در نتیجه، حتی ناملایماتِ اندوهبار که گاهی سراسر وجود ما را فرا گرفته و میلیون‌ها لذایذِ دریافت‌شده را محو و نابود می‌کند، نوعی از ویرانی تلقی کنیم که به دنبال آن، کاخی عالی‌تر از گذشته در صحنهٔ پهناورِ روح برافراشته می‌شود!

۹۰ـ وَيامَنْ أَلْبَسَ أَوْلِياءَهُ مَلابِسَ هَيْبَتِهِ فَقامُوا بَيْنَ يَدَيْهِ مُسْتَغْفِرِينَ.

ای خداوندی که لباس‌های هیبت بر اولیایش پوشانده و آنان با حال توبه در پیشگاه او ایستادند.

خدایا ! عظمت و هیبت و جلالت را به دوستان نمودار ساختی. احساس مخالفت با مشیّتِ تو، آنان را نگران و مضطرب ساخته و در صدد جبران برآمدند. گناهان و پلیدی‌ها را با طبیعت روح که شعاعی از جمال توست، ناسازگار دیدند، بنابراین، با توبه و استغفار به سوی تو بازگشتند.

مهربان خداوندا ! با این که معاصی و نارواییها، روانِ پاکِ ما را آلوده می‌کند و ما را از غرض اقصای آفرینش دور می‌کند، با این حال، نظامِ آفرینشِ روح را چنان قابل انعطاف قرار داده‌ای که با یک توبه و ندامتِ واقعی، روح به همان حالتِ طبیعیِ خود بازمی‌گردد، گویی معصیتی انجام نداده است.

این نیروی دیگری است که به جانِ مضطرِّ ما وارد می‌شود و ما را در حرکت به سوی کمال تقویت می‌کند. خداوندا ! توفیق توبه و بازگشت به بارگاه فیّاضت را به ما عنایت فرما و ما را در ظلمات جهل و انحراف رها نکن.

۹۱ـ أَنْتَ الذّاكِرُ قَبْلَ الذّاكِرِينَ وَأَنْتَ الْبادي بِالإِحْسانِ قَبْلَ تَوَجُّهِ الْعابِدِينَ وَأَنْتَ الْجَوادُ بِالْعَطاءِ قَبْلَ طَلَبِ الطّالِبِينَ.

خداوندا ! تویی که پیش از ذکرِ مردمِ ذکرگویان، آنان را در ذکر خود داری. و تویی آغازکنندهٔ احسان، پیش از آن که عبادت کنندگان توجهی داشته باشند. تویی بخشایشگر، پیش از درخواستِ طلب‌کنندگان.

همهٔ موجودات، از آن جمله انسان‌ها، پیش از آن که در صدد ذکر تو

برآیند، و مردمِ عابد پیش از آن که رو به سوی تو بیاورند، و مسئلت‌کنندگان پیش از آن که از بارگاه تو طلب نمایند، در مقامِ علمِ تو حاضر بوده‌اند و فیّاضیّتِ تو که منشأ احسان و جود و عطای توست، بر مسئلت آنان مقدّم بوده است.

پروردگارا:

ما نبودیم و تقاضامان نبود لطف تو ناگفتهٔ ما می‌شُنود[1]

احاطهٔ علمی و فیّاضیّتِ تو بر جهان هستی، فراتر از زمان و فراسوی مکان بوده و نیازی به وجود معلوم و تقاضا و متقاضی ندارد.

۹۲- وَأَنْتَ الْوَهّابُ ثُمَّ لِما وَهَبْتَ لَنا مِنَ الْمُسْتَقْرِضينَ.

بخشایشگرا ! نخست به مقتضای لطف عامّت، همهٔ ما انسان‌ها را مشمول فیض و بخشش خود می‌فرمایی، آن‌گاه از همان نعمت‌ها که برای ما عنایت فرموده‌ای، قرض می‌گیری.

این است کَرَم لایتناها. این است عطای بی‌کران از خداوندِ بی‌نیازِ مطلق که برای ادارهٔ معیشتِ بندگان خود، همان نعمت‌ها را که خود عنایت فرموده است، از بندگانش به عنوان قرض می‌پذیرد. در حقیقت، به عهده می‌گیرد آن‌چه را که در این دنیا به عنوان قرض گرفته، تا در سرای ابدیت آن را وفا نماید.

۹۳- إلهي أُطْلُبْني بِرَحْمَتِكَ حَتّى أَصِلَ إِلَيْكَ وَاجْذِبْني بِمَنِّكَ حَتّى أُقْبِلَ عَلَيْكَ.

خداوندا ! با رحمتِ خود مرا طلب کن تا به پیشگاه تو برسم و با احسانت مرا به خود جذب فرما تا روی به تو آورم.

۱ـ مثنوی معنوی، دفتر اول.

با این نقص و خطاهایی که وجود ما را احاطه کرده، چگونه می‌توانیم وصول و اِنجذاب به حوزهٔ جاذبهٔ الهی را آرزو و شایستهٔ مسئلت نماییم.

چگونه می‌توانیم حضور در بارگاه اقدس الهی را بر مبنای لیاقت بخواهیم؟ مگر ما تصفیهٔ درون و انجامِ تکالیفِ فردی و اجتماعی را آن چنان که خدای ما می‌خواهد، به جای می‌آوریم؟ مگر ما دربارهٔ خود می‌اندیشیم؟ آیا در طول زندگی، یک صد هزارم آن همه فعالیت‌ها و ارتباطاتِ علمی و اکتشافی و صنعتی و هنری که با جهان ماده و مادیات برای منافعِ مادی خود انجام می‌دهیم، برای شناخت و آشنایی و اصلاح خویشتن به کار می‌بریم؟ نه سوگند به خدا! ما نه تنها برای شناخت و آشنایی و اصلاح خویشتن کاری انجام نمی‌دهیم، بلکه:

ماننـدهٔ ستوران، در وقت آب خـوردن
چون عکس خویش دیدیم، از خویشتن رمیدیم[۱]

مولوی

خداوندا ! اگر بخواهم به صحنهٔ درونِ خویش وارد شوم، با کدام «من» رویاروی می‌شوم؟ آیا با آن «منِ تورّم‌یافته» که بیماری تورّم نمی‌گذارد به حقیقتی بالاتر از خود حرکتی کند؟ آیا با آن «من» که با خیالِ «من هدف و دیگران وسیله»، همهٔ مخلوقات را شکار خود تلقی می‌کند؟ یا با آن «من» که گرایش به لذایذ حیوانی چنان او را کور کرده است که نمی‌تواند حتی کوچک‌ترین گامی به جلوتر از گِلی «به نام من و منافع من» که در آن فرو رفته است، بردارد؟ با این حال، ای خدای من، رحمت تو که بر همه چیز

۱ـ این بیت از یک غزل بسیار پر معنی از مولوی در دیوان شمس تبریزی است:

آوازهٔ جمالت از جان خود شنیدیم — چون باد و آب و آتش در عشق تو دویدیم
اندر جمال یوسف گر دست‌ها بریدند — دستی به جان ما بَر، بنگر چه‌ها بریدیم
ماندهٔ ستوران در وقت آب خوردن ......

پیشی گرفته است و نیاز به هیچ انگیزه‌ای ندارد و احتیاجی به علت و پاداش در آن نیست، می‌تواند دست مرا گرفته، این «منِ سرنگون در خاک مذلّت» را بلند کند و آن را سر به بالا نماید.

۹۴ـ إلهي إنَّ رَجائي لا يَنْقَطِعُ عَنْكَ وَإنْ عَصَيْتُكَ كَما أنَّ خَوْفي لا يُزايِلُني وَإنْ أطَعْتُكَ.

خداوندا ! هرگز امیدم از تو قطع نمی‌شود، اگرچه تو را نافرمانی کنم؛ همان‌گونه که بیم و هراسم از تو زایل نشود، اگرچه تو را اطاعت نمایم.

اگر برای دریافتِ جریانِ امیدِ بی‌نهایت در درون، لحظاتی چند، عظمت و بی‌نیازیِ مطلقِ خداوندی را در نظر بگیرید و دیگر بار خیرِ محض بودن آن ذات اقدس و حکمت و مشیّت او را، هر چند به اندازهٔ گنجایش ذهنی و روانیِ خود دریابید، خواهید دید هیچ علتی برای قطع امید از آن فیّاضِ علی‌الاطلاق وجود ندارد، مگر آن که انحراف اختیاری از حقّ و حقیقت به جایی برسد که خود انسان، بریده شدن از حکمت و مشیّت و لطف و رحمت خداوندی را در درون خود شهود کند، به طوری که هیچ روزنه‌ای در فضای درون برای رؤیت ذره‌ای از نور امید باقی نمانَد. خدایا ! از تو مسئلت می‌کنم ما را از افتادن در این سقوط بی‌نهایت محفوظ و مصون بفرما.

از طرف دیگر، خداوندا ! هر اندازه هم تو را اطاعت کنیم، باز نمی‌توانیم یقین به وصول به مقام مخلَصین را به دست آوریم. خدایا ! تو خود به ما تعلیم فرموده‌ای تا برداشته شدن پرده‌ها و تا وصول به مقام والای بندگی، هر لحظه از انحراف از صراط مستقیم، ترس و هراس داشته باشیم.

من غلام آن که او در هر رباط
خویش را واصل نداند بر سماط[1]
زآن که مخلص، در خطر باشد مدام
تا ز خود خالص نگردد او تمام
زآن که در راه است و رهزن بی‌حد است
آن رهد کاو در امانِ ایزد است
آینه‌ی خالص نگشت او، مخلِص است
مرغ را نگرفته است او، مُقنِص[2] است
چون که مُخلَص گشت مُخلِص، باز رَست
در مقام امن رفت و بُرد دست
هیچ آیینه دگر آهن نشد
هیچ نانی گندم خرمن نشد
هیچ انگوری دگر غوره نشد
هیچ میوه‌ی پخته با کوره نشد[3]

۹۵ـ فَقَدْ دَفَعَتْنِي ٱلعَوالِمُ إِلَيْكَ وَقَدْ أَوْقَعَني عِلْمي بِكَرَمِكَ عَلَيْكَ.

جهان‌هایی مرا به سوی تو آورده و علمی که به کَرَم تو دارم، مرا به بارگاهت وارد کرده است.

خداوندا ! جهان‌هایی در مجرای قوانینِ با شکوهِ تو به وجود آمده و به جریان افتاده تا وجود مرا در جهان هستی در پیشگاه تو قرار داده است.
بارالها ! این بندهٔ نیازمند را، با نظم و عظمت و هدفمندیِ سرگذشتِ

۱ـ مثنوی معنوی، دفتر اول.
۲ـ مقنص، کسی است که پرنده یا هر شکاری را به دام انداخته، ولی هنوز آن را نگرفته است.
۳ـ مثنوی معنوی، دفتر دوم.

جهان خلقت که از آغازِ به وجود آمدن جهان هستی ـ که وجود من هم جزئی از آن بوده و در جریان آن شرکت داشته است ـ آشنا بفرما. مگر نه این است که اگر کسی بفهمد از کجا آمده است و چگونه آمده است، خواهد فهمید که به کجا می‌رود و چگونه خواهد رفت؟

این **امیرالمؤمنین** ﷺ کاروان سالار قافلهٔ خلقت است که می‌فرماید:

اِنْ لَمْ تَعْلَمْ مِنْ اَیْنَ جِئْتَ لا تَعْلَمُ اِلی اَیْنَ تَذْهَبُ.

اگر ندانی از کجا آمده‌ای، نخواهی دانست به کجا می‌روی؟

خداوندا ! چه نسبتِ خاک را با عالَم پاک!

اَیْنَ التُّرابِ وَ رَبُّ اَلاَرْباب.

خاک بی‌مقدار کجا و خداوند بزرگ کجا.

پارسی گوییم: یعنی این کَشش　　　زان طرف آید که آمد این چِشش[1]

این انسانِ زاده‌شده از خاک و این موجود ناتوان که به ناچیزترین رگ‌ها و بافت‌های بدنی وابسته است، کجا، و مقام شامخ ربوبی که جهان‌های بی‌نهایت در برابر عظمت او، حتی کم‌تر از دریافت عدد «۲» در ذهن شگفت‌انگیز بشر است که دوازده تا پانزده میلیارد رابطهٔ الکتریکی دارد و با نیروی حافظه‌ای که می‌تواند یک میلیون میلیارد اطلاع در آن ثبت کند، کجا! آیا جز کَرَم الهی می‌تواند این موجود بی‌نهایت کوچک را در برابر آن موجود بی‌نهایت بزرگ قرار دهد و با او در ارتباط بگذارد؟

۹۶ـ إلهي كَيْفَ أخيبُ وَأنْتَ أمَلي أمْ كَيْفَ أُهانُ وَعَلَيْكَ مُتَّكَلي، إلهي كَيْفَ أسْتَعِزُّ وَفِي الذِّلَّةِ أرْكَزْتَني أمْ كَيْفَ لا أسْتَعِزُّ وَإلَيْكَ نَسَبْتَني إلهي كَيْفَ لا أفْتَقِرُ وَأنْتَ الَّذي فِي الْفُقَراءِ أقَمْتَني أمْ كَيْفَ أفْتَقِرُ وَأنْتَ الَّذي بِجُودِكَ أغْنَيْتَني.

۱ـ مثنوی معنوی، دفتر اول.

خدای من، چگونه ناامید شوم، در حالی که تویی مراد و آرزوی من! چگونه اهانت شوم، با این که پشتیبان من تویی! چگونه عزّت را به خود ببندم، جایی که در ضعف و پستی قرارم دادی! چگونه احساس عزّت نکنم، در صورتی که مرا به خود منتسب فرمودی! خدای من، چگونه نیازمند نباشم، با این که مرا در گروه نیازمندان قرار دادی! چگونه مبتلا به فقر باشم، در صورتی که با احسان خود بی‌نیازم ساختی!

حالتی است بس شگفت‌انگیز که احساسِ عزّت و حیثیّت نکنم و در عین حال، این احساس را در خویشتن داشته باشم! احساس نیازمندی کنم و در عین حال، در بی‌نیازی غوطه‌ور باشم!

آری، چنین است تفاوت میان ارتباط با خدا و جدایی از او. اگر این افتخار نصیب بشر شود که خود را در ارتباط با خدا و در جاذبیّت پیشگاه او ببیند، عزیز و شریف و غنی و بی‌نیاز است و از هستیِ واقعی در این جهان بزرگ برخوردار است و اگر از خدا منقطع شود و نسبتِ بندگیِ خود را به خدا منتفی کند، ذلیل و مستمند و بی‌حیثیّت و پست‌تر از همه چیز است.

۹۷ـ وَأَنْتَ الَّذي لا إِلهَ غَيْرُكَ تَعَرَّفْتَ لِكُلِّ شَيْءٍ فَمَا جَهِلَكَ شَيْءٌ وَأَنْتَ الَّذي تَعَرَّفْتَ إِلَيَّ في كُلِّ شَيْءٍ فَرَأَيْتُكَ ظاهِراً في كُلِّ شَيْءٍ وَأَنْتَ الظّاهِرُ لِكُلِّ شَيْءٍ.

و تویی آن خداوندی که جز تو خدایی نیست؛ خود را در همه چیز شناساندی. پس هیچ چیزی به تو جاهل نیست. و تویی خداوندی که خود را در هر چیز به من نشان دادی، تا آن جا که تو را در هر چیز آشکار دیدم، ای خدایی که تویی آشکار بر همهٔ اشیاء!

پروردگارا ! غبار جهل و غفلت، چشمان ما غوطه‌وران در خودخواهی را، چنان تیره و تار کرده است که از جانِ درونیِ اشیاء که معرفت به مقامِ شامخِ ربوبیِ تو دارند، بی‌خبر مانده و روزگار خود را با داشتن انواع وسایل بر

معرفت عمیق دربارهٔ آن اشیاء، در شناخت پدیده‌ها و مسائل ثانوی و عَرَضیِ آن‌ها سپری می‌کنیم و نام خود را دانشمند و حکیم و عارف می‌گذاریم! و بدین ترتیب، امر را حتی برای خودمان مشتبه می‌سازیم. خدایا ! عنایت فرما تا اهمیت توبیخ و هشدار زیر را درک و دریافت کنیم:

چون شما سوی جمادی می‌روید — محرمِ جان جمادان چون شوید؟[۱]

در حالی که:

کوه‌ها هم لحن داوودی شود — آهن اندر کفِ او مومی بود
باد حمّال سلیمانی شود — بحر با موسی سخندانی شود
ماه با احمد اشارت‌بین شود — نار، ابراهیم را نسرین شود
خاک، قارون را چو ماری درکَشَد — اُستُن[۲] حنّانه آید در رَشَد
سنگ، احمد را سلامی می‌کند — کوه، یحیی را پیامی می‌کند
جملهٔ ذرّاتِ عالم در نهان — با تو می‌گویند روزان و شبان
ما سمیعیم و بصیریم و خوشیم — با شما نامحرمان ما خامُشیم
خامشیم و نعرهٔ تکرارمان — می‌رود تا تاج و تختِ یارمان[۳]

آری:

چون شما سوی جمادی می‌روید — محرم جان جمادان چون شوید؟
از جمادی، در جهان جان رَوید — غلغلِ اجزای عالم بشنوید
فاش تسبیحِ جمادات آیدت — وسوسه‌ی تأویل‌ها بربایدت
چون ندارد جان تو قندیل‌ها — بهرِ بینش کرده‌ای تأویل‌ها
دعویِ دیدن خیال عار بود — بلکه مر بیننده را دیوار بود
پس چو از تسبیح یادت می‌دهد — آن دلالت هم‌چو گفتن می‌بُوَد[۴]

۱ـ مثنوی معنوی، دفتر سوم.
۲ـ ستون.
۳ـ مثنوی معنوی ، دفتر سوم.
۴ـ همان.

خداوندا ! آشکارا تو را در هر چیز دیدم. این مشاهده، جز ناشی از افاضهٔ نور ربوبی نمی‌تواند باشد، زیرا همهٔ وسایل درک و علم ما، از حواس گرفته تا دقیق‌ترین ابزار معرفت، توانایی ارائهٔ حقیقتی فراتر از کمیّت‌ها، کیفیّت‌ها، نقصان‌ها، زیادتی‌ها، حرکت، سکون، قانون، زمان، مکان، فضا و بی‌نهایتِ مطلق را ندارد. این افاضه و اشراق، به یقین، مستند به آن وجود فیّاض و بخشندهٔ اشراق و نور لم‌یزل و لایزالی است.

۹۸ـ یا مَنِ اسْتَوی بِرَحْمانِيَّتِهِ فَصارَ ٱلعَرْشُ غَيْباً في ذاتِهِ مَحَقْتَ ٱلآثارَ بِٱلآثارِ وَمَحَوْتَ ٱلأَغْيارَ بِمُحيطاتِ أَفْلاكِ ٱلأَنْوارِ يامَنِ احْتَجَبَ في سُرادِقاتِ عَرْشِهِ أَنْ تُدْرِكَهُ ٱلأَبْصارُ يامَنْ تَجَلّى بِكَمالِ بَهائِهِ فَتَحَقَّقَتْ عَظَمَتُهُ مِنَ ٱلإِسْتِواءِ كَيْفَ تَخْفى وَأَنْتَ الظّاهِرُ أَمْ كَيْفَ تَغيبُ وَأَنْتَ الرَّقيبُ الْحاضِرُ إِنَّكَ عَلى كُلِّ شَيْءٍ قَديرٌ وَالْحَمْدُ لِلّٰهِ وَحْدَهُ.

ای خداوندی که با رحمانیّت خود، استیلا و احاطه بر همهٔ کائنات دارد و عرش در برابر او مخفی است. آثار را به وسیلهٔ آثار دیگر محو نمودی و اغیار را با حقایقِ محیط به افلاکِ انوار، مردود ساختی. ای خداوندی که سراپرده‌های عرش او مانع از آن است که چشم‌ها او را ببینند.

ای خداوندی که با کمال روشنایی‌اش در جهان هستی، چنان تجلّی کرده است که عظمت آن روشنایی، احاطه و استیلا را بر تمامی عرصهٔ هستی محقّق ساخته است.

بارالها ! چگونه پنهان می‌شوی، در حالی که تویی آشکار، و چگونه ناپدید می‌شوی، در صورتی که تویی مراقب و حاضر؟

خداوندا ! تویی توانا بر همه چیز و ستایش از آن توست که خداوندِ یگانهٔ بی‌همتایی.

عرش با آن عظمت که می‌توان گفت از یک جهت وسیله و زمینه‌ساز

کارگاه خلقت است ـ کارگاهی که مملوکِ مطلقِ پروردگاری است و از آن جهت کرسی نامیده شده است ـ محاطِ ذات و علم خداوندی است.

در این کارگاه با شکوه، آثار به وسیلهٔ آثار، و اغیار به وسیلهٔ حقایق عالیه‌ای که به افلاکِ انوارِ الهی محیط است، از بین می‌روند.

ای آشکارترین حقیقت و ای کامل مطلق که با کمال نور و روشنایی خود، احاطه و استیلا بر همهٔ هستی داری:

آستین بر روی نقشی در جهان افکنده‌ای
خویشتن تنها و شوری در جهان افکنده‌ای
خود نهان چون غنچه و آشوب استیلای عشق
در نهادِ بلبلِ فریادخوان افکنده‌ای
هیچ نقاشی نمی‌بیند که نقشی برکشد
وان که دید از حیرتش کِلک از بنان افکنده‌ای

ستایش از آنِ خداوند یگانه است.

با لطف و احسان خداوندی، تکمیل ترجمه و شرح این نیایش مبارک در تاریخ بیست و ششم بهمن ماه سال ۱۳۷۵، مصادف با ششم شوال سال ۱۴۱۷ در تهران پایان یافت.

نمایهٔ آیات

انّا للّه و انّا الیه راجعون .... ۴۱، ۵۸
انّ الی ربّک الرّجعی ۱۴۶
أم تحسب أنّ أكثرهم يسمعون أو يعقلون ان هم الّا كالأنعام بل هم أضلّ سبيلاً ۵۱
ربّنا ما خلقت هذا باطلا سبحانک فقنا عذاب النّار .... ۱۹، ۱۲۰
ربّنا وسعت كلّ شيئ رحمة و علما ۹۵
فاذا سوّيته و نفخت فيه من روحی فقعوا له ساجدين ۱۴۵
فمن كان يرجوا لقاء ربّه فليعمل عملا صالحا و لا يشرک بعبادة ربّه أحداً ۱۴۶
قل انّ صلاتی و نسكی و محياي و مماتی للّه ربّ العالمين ۵۸
قل ان كنتم تحبّون اللّه فاتّبعونی يحببكم اللّه ۱۴۰
قل هل ننبّئكم بالأخسرين أعمالاً الّذين ضلّ سعيهم فی الحياة الدّنيا و هم يحسبون أنّهم يحسنون صنعاً ۱۱۸
كلّ نفس ذائقة الموت ثمّ الينا ترجعون ۱۴۶
ما لكم لا ترجون للّه وقاراً ۵۸
من رسله و قالوا سمعنا و أطعنا غفرانک ربّنا و اليک المصير ۱۴۵
و اتّقوا اللّه و يعلّمكم اللّه ۱۶۶
و الّذين جاهدوا فينا لنهدينّهم سبلنا .. ۱۶۶
و اللّه يقبض و يبسط و اليه ترجعون .. ۱۴۶
و ان تعدّوا نعمة اللّه لا تحصوها .... ۳۴، ۵۶
و أن ليس للانسان الّا ما سعی و أنّ سعيه سوف يری .... ۲۰، ۱۲۴
و قل اعملوا فسيری اللّه عملكم و رسوله و المؤمنون و ستردّون الی عالم الغيب و الشّهادة فينبّئكم بما كنتم تعملون ۸۱
و لا تقولنّ لشيئ انّی فاعل ذلک غداً الّا ان يشاء اللّه .... ۱۰۲، ۱۲۴
و من تزكّی فانّما يتزكّی لنفسه و الی اللّه المصير ۱۴۶
و نفس و ما سوّاها فألهمها فجورها و تقواها قد أفلح من زكّاها و قد خاب من دسّاها ۱۴۴
و هو معكم أين ما كنتم ۹۴
يا أيّتها النّفس المطمئنّة ارجعی الی ربّک راضية مرضيّة فادخلی فی عبادی و ادخلی جنّتی ۱۴۵
يسألونک عن السّاعة أيّان مرساها فيم أنت من ذكراها الی ربّک منتهاها ۱۴۵
يعلمون ظاهراً من الحياة الدّنيا ۱۱۵

نمایهٔ روایات

اشهد انّ المسافر الیک قریب المسافة ۱۳۰

ألهم بارک لنا فی الخبز فانّه لولا الخبز ما صلّینا و لا صمنا و لا أدّینا فرائض ربّنا... ۹۸

المومن أخوا المومن کالجسد الواحد ان اشتکی شیئاً منه وجد ألم ذالک فی سائر جسده و أرواحهما من روح واحدة و انّ روح المؤمن لاشدّ اتّصالاً بروح اللّه من اتّصال شعاع الشّمس بها................ ۸۰

الهی تردّدی فی الآثار یوجب بعد المزار. ۱۳۳

ان لم تعلم من این جئت لا تعلم الی این تذهب........................ ۱۸۰

انّی واللّه لو لقیتهم واحداً و هم طلاع الارض کلّها ما ولّیت و ما استوحشت.......... ۷۶

این التّراب و ربّ الارباب............ ۱۸۰

أیّها النّاس قد أقبل علیکم شهر اللّه بالرّحمة و البرکة أنفاسکم فیه تسبیح و نومکم فیه عبادة ۵۵

سبقت رحمته غضبه ۹۵

لا حول و لا قوّة الاّ باللّه......... ۷۸، ۱۰۹

ما رأیت شیئاً الاّ و رأیت الله قبله و بعده و معه........................... ۳۱

ما لکم تسوؤن رسول اللّهﷺ فقال رجل کیف نسوؤه؟ فقال: أما تعلمون أنّ أعمالکم تعرض علیه فأذا رأی فیها معصیة سائه ذلک فلا تسوؤ رسول اللّه و سرّوه................ ۸۰

و اقمنی بصدق العبودیّة بین یدیک.... ۱۵۰

و بک استدلّ علیک................ ۱۴۹

یا اله العاصین..................... ۶۶

نمایهٔ نام‌ها

آ،ا

ال عمران (ع)، .... ۱۹، ۱۲۰، ۱۴۰

ابراهیم (ع)، .. ۳۴، ۵۶، ۶۹، ۷۰، ۷۱، ۷۳، ۷۴،
.... ۱۸۲

ابن شبل بغدادی، ۴۶

ادینگون، سر آرتور، ۱۴۲

اسحق (ع)، .... ۶۹، ۷۰، ۷۱

اسدی، ۳۳

اسرافیل (ع)، .... ۶۹، ۷۰، ۷۱

اسماعیل (ع)، .... ۷۰، ۷۱

اعتصامی، پروین، ۴۵

امام رضا (ع)، ۸۱

امام صادق (ع)، ۸۰

امام محمد باقر (ع)، ۸۱

امیرالمؤمنین (ع)، ۱۸۰

اینشتین، البرت، .... ۲۴، ۱۴۲

ایوب (ع)، .... ۷۳، ۷۴

ب

بدخشانی، بینوا، ۴۲

بریانت، ۱۴۸

بنی‌اسرائیل، ۷۴

بودا، ۱۳۲

بور، نیلز، ۱۲۵

پ

پیامبر اسلام ﷺ، ۶

ت

تامسون، جورج، ۱۵۲

تقی‌زاده انصاری، شهرام، ۱۵۰

ج

جبرئیل (ع)، .... ۶۹، ۷۰، ۷۱

جیمز، ویلیام، ۲۹

ح

حافظ، .. ۱۱، ۱۳، ۱۴، ۴۰، ۴۲، ۵۴، ۶۱، ۷۲،
.... ۱۰۴، ۱۱۷، ۱۲۶، ۱۲۸، ۱۳۸، ۱۳۹، ۱۷۴

حسین (ع)، ۳، ۴، ۶، ۳۳، ۵۴، ۷۹، ۸۵، ۹۸، ۹۹

حسین بن علی (ع)، .... ۳۱، ۴۴، ۸۷

حکیم صفا اصفهانی، ... ۶۹، ۱۲۸، ۱۴۷، ۱۶۲

خ

خضر (ع)، ۲۶

خواجوی کرمانی، .... ۱۶۲، ۱۷۴

خیام، ۱۷۱

د

داوود (ع)، ۱۸۲

ر

رسول خدا ﷺ، .... ۵۴، ۸۱، ۹۸

روترفر، ارنست، ۱۵۲

ز

زکریا ﷺ، ۷۴

زین‌العابدین ﷺ، ۱۳۰

س

سبزواری، ملّا هادی، ۱۲۴

سعدی، ۱۱، ۱۸، ۱۹، ۴۱، ۹۵، ۱۱۲، ۱۱۳، ۱۳۸، ۱۳۹

سلیمان ﷺ، ۱۸۲

ش

شبستری، محمود، ۳۳، ۶۷، ۱۰۲، ۱۳۴

شیطان، ۶۱

ص

صائب تبریزی، ۲۱، ۱۲۰، ۱۳۲

ط

طغرایی، ۵۹

ع

عُرفی شیرازی، ۱۳۰

عطّار، ۱۲۹

علی‌بن ابی‌طالب ﷺ، ۶، ۲۶، ۳۱، ۷۵، ۹۸

ف

فرعون، ۷۳، ۷۴

فیض کاشانی، ملّا محسن، ۴۰، ۶۸

ق

قارون، ۴۲، ۵۴، ۱۱۷، ۱۸۲

قمی، محدّث، ۳۳

ک

کاشی، مسیح، ۱۵۲

کامو، البر، ۱۵۳، ۱۵۴

کلینی، محمدبن یعقوب، ۸۰، ۹۸

ل

لائوتسه، ۱۲۵

لاهوری، اقبال، ۲۰

لرمانتوف، ۱۰

م

مایزر، فردریک، ۲۸

مترلینگ، موریس، ۲۸، ۱۴۲

محمد خاتم ﷺ، ۵۶، ۵۷، ۶۹، ۷۰

محمد مصطفی ﷺ، ۴۴

مستعان، حسینعلی، ۲۸، ۱۴۲

مصفّا، مظاهر ۱۴۷

موسی ﷺ، ۱۲۹

مولوی، جلال‌الدین محمد، ۲۶، ۵۱، ۵۹، ۷۹، ۱۷۴، ۱۷۷

میرداماد، ۱۰۷

میرفندرسکی، ۱۳۳

میکائیل ﷺ، ۶۹، ۷۰، ۷۱

ن

ناصر خسرو، ۸۸، ۱۴۱، ۱۶۴

نظامی گنجوی، ۳۷، ۶۶، ۱۳۶، ۱۴۲

نگارنده، ۹

نوح ﷺ، ۱۴، ۵۸، ۱۵۹

نوقانی، شیخ علی‌اکبر، ۱۲۲

نیوتن، ایزاک، ۲۴، ۱۵۰

و

وایتهد، الفرد نورث، ۱۳۸، ۱۳۹

ه

هابس، توماس، ۶۵

هوگو، ویکتور، ۲۸، ۳۵، ۱۴۲

ی

یحیی علیه‌السلام .... ۷۳، ۷۴، ۱۸۲
یزیدبن معاویه ۶
یعقوب علیه‌السلام .... ۶۹، ۷۰، ۷۱، ۷۳
یوسف علیه‌السلام .... ۷۳، ۱۲۲، ۱۷۷

نمایهٔ کتاب‌ها

آ،ا

ارکان دانش نو، ۱۵۰

اصول کافی، ۸۰

الفروع من الکافی، ۹۸

انجیل، ۷۰، ۷۱

ب

بینوایان، ۲۷، ۲۸، ۴۲، ۶۴، ۸۸، ۱۴۲

ت

تورات، ۷۰، ۷۱

د

دعای ابوحمزه، ۱۳۰

دین و روان (ترجمهٔ انواعی از تجربه‌های دینی)، ۲۹

دیوان شمس، ۱۳، ۲۴، ۵۹، ۱۷۷

ر

روزنامهٔ اطلاعات، ۱۵۳

ز

زبور، ۷۰، ۷۱

س

سرگذشت اندیشه‌ها، ۱۳۹

ف

فروغ خاور، ۱۳۲

ق

قرآن، ۳۶، ۵۶، ۷۰، ۷۱

ل

لامیه، ۵۹

م

مثنوی معنوی، ۱۰، ۲۰، ۲۱، ۲۷، ۴۹، ۵۲، ۵۴، ۵۸، ۶۰، ۶۸، ۷۱، ۷۵، ۷۶، ۸۳، ۹۲، ۱۰۱، ۱۰۴، ۱۰۷، ۱۱۰، ۱۱۷، ۱۲۳، ۱۲۴، ۱۲۸، ۱۲۹، ۱۳۰، ۱۳۵، ۱۵۰، ۱۵۶، ۱۵۹، ۱۶۵، ۱۶۸، ۱۷۶، ۱۷۹، ۱۸۰، ۱۸۲

مجلّهٔ ذهن، ۱۵۰

مجلهٔ تایم، ۱۵۳

مفاتیح، ۲۳

ن

نهج‌البلاغه، ۷۶

آثار منتشرهٔ استاد محمدتقی جعفری

۱ـ زیبایی و هنر از دیدگاه اسلام ۲ـ وجدان ۳ـ نیایش امام حسین علیه‌السلام در صحرای عرفات ۴ـ عرفان اسلامی ۵ـ رسائل فقهی ۶ـ پیام خرد ۷ـ موسیقی از دیدگاه فلسفی و روانی ۸ـ عشق در مثنوی ۹ـ عقل در مثنوی ۱۰ـ حادثهٔ کربلا در مثنوی ۱۱ـ ترجمهٔ کامل نهج‌البلاغه ۱۲ـ مولوی و جهان‌بینی‌ها ۱۳ـ ایده‌آل زندگی و زندگی ایده‌آل ۱۴ـ سه شاعر (حافظ ـ سعدی ـ نظامی) ۱۵ـ فلسفه و هدف زندگی ۱۶ـ جبر و اختیار ۱۷ـ فرهنگ پیرو فرهنگ پیشرو ۱۸ـ تحقیقی در فلسفهٔ علم ۱۹ بررسی و نقد نظریات دیوید هیوم در چهار مسئلهٔ فلسفی ۲۰ـ توضیح و بررسی مصاحبهٔ برتراند راسل ـ وایت ۲۱ـ اخلاق و مذهب ۲۲ـ لوح فشرده (CD)، نرم‌افزار چند رسانه‌ای «از دریا به دریا» ۲۳ـ امام حسین علیه‌السلام شهید فرهنگ پیشروانسانیت ۲۴ـ در محضر حکیم (مجموعه پرسش‌ها و پاسخ‌ها) ۲۵ـ طرح ژنوم انسانی (مباحث مربوط به شبیه‌سازی انسان) ۲۶ـ عوامل جذابیت سخنان مولوی ۲۷ـ حرکت و تحول از دیدگاه قرآن ۲۸ـ علم و دین در حیات معقول ۲۹ سلسله لوح‌های فشردهٔ آهنگ خورشید یک تا هفت (حاوی سخنرانی‌های علامه جعفری MP3) ۳۰ـ حقوق جهانی بشر ۳۱ـ هم‌گرایی دین و دانش ۳۲ـ حکمت اصول سیاسی اسلام (تفسیر فرمان علی علیه‌السلام به مالک اشتر) ۳۳ـ آفرینش و انسان ۳۴ـ شناخت انسان در تصعید حیات تکاملی ۳۵ـ فکروارهٔ مثنوی (فهرست تفصیلی تفسیر و نقد و تحلیل مثنوی) ۳۶ـ نرم‌افزار از دریا به دریا (حاوی تفسیر و نقد و تحلیل مثنوی با امکانات ویژه در سه لوح فشرده) ۳۷ـ فکروارهٔ نهج‌البلاغه (فهرست تفصیلی ترجمه و تفسیر نهج‌البلاغه) ۳۸ـ ارکان تعلیم و تربیت ۳۹ـ امید و انتظار (حکومت الهی مهدی عج در روی زمین) ۴۰ـ لوح فشردهٔ تصویری (DVD) حیات معقول در نهج‌البلاغه ۴۱ـ لوح فشردهٔ تصویری (DVD) اخلاق در نهج‌البلاغه ۴۲ـ تحلیل شخصیت خیام ۴۳ـ حیات معقول ـ روسی ۴۴ـ خلوت انس (تحلیل اندیشه‌ها و شخصیت حافظ) ۴۵ـ فلسفهٔ تاریخ و تمدن

مجموعه آثار

مجموعه آثار ۱ ـ عرفان اسلامی
مجموعه آثار ۲ ـ تکاپوی اندیشه‌ها
مجموعه آثار ۳ ـ بررسی افکار هیوم و راسل
مجموعه آثار ۴ ـ معرفت‌شناسی
مجموعه آثار ۵ ـ حقوق جهانی بشر و کاوش‌های فقهی
مجموعه آثار ۶ ـ چهار شاعر (خیام، نظامی، سعدی، حافظ)
مجموعه آثار ۷ ـ سرگذشت اندیشه‌ها (نقد و بررسی کتاب Adventures of Ideas اثر آلفرد نورث وایتهد)
مجموعه آثار ۸ ـ جبر و اختیار و وجدان
مجموعه آثار ۹ ـ فلسفهٔ فرهنگ و هنر
مجموعه آثار ۱۰ ـ فلسفهٔ اجتماع، تاریخ و تمدن
مجموعه آثار ۱۱ ـ معنای زندگی

آثار ترجمه‌شدهٔ استاد محمدتقی جعفری

۱ـ علی اجنحة الروح (نیایش امام حسین ﷺ در صحرای عرفات ـ عربی).

۲ـ تعاون‌الدین والعلم (هم‌گرایی دین و دانش ـ عربی).

۳ـ Pioneer Culture to the Rescue of mankind (فرهنگ پیرو فرهنگ پیشرو ـ انگلیسی).

۴ـ The Mystery of Life (معمای حیات ـ گزیده تفکرات و آراء استاد جعفری ـ انگلیسی).

۵ـ The Conscience (وجدان ـ انگلیسی).

۶ـ Positive Mysticism (عرفان اسلامی ـ انگلیسی).

۷ـ The Human Genome Project (طرح ژنوم انسانی ـ همراه با بررسی و نقد بیانیهٔ ونکوور کانادا در مورد بقاء بشر در قرن ۲۱ ـ انگلیسی).

۸ـ Intelligible Life (حیات معقول ـ انگلیسی).

۹ـ Human Universal Rights (حقوق جهانی بشر ـ انگلیسی).

۱۰ـ Arafat Diginda Hz. Hüseyin'in Yakarişi (نیایش امام حسین ﷺ در صحرای عرفات ـ ترکی استانبولی).

۱۱ـ حیات معقول ـ روسی

۱۲ـ The Exploration of Ideas (تکاپوی اندیشه‌ها ـ مجموعه مصاحبه‌ها و گفتگوهای شخصیت‌های خارجی با استاد محمدتقی جعفری ـ انگلیسی).

۱۳ـ Evrensel insan Haklari (حقوق جهانی بشر ـ ترکی استانبولی).

۱۴ـ Imam Hussain The Martyr of Human Pioneer Culture (امام حسین ﷺ شهید فرهنگ پیشرو انسانیت ـ انگلیسی).

کیو آر کد سخنرانیهای علامه جعفری در یوتیوب

این کتاب توسط مرکز هماهنگی امور انتشارات بین‌المللی کشتی نوح مستقر در ونکوور کانادا در شبکه جهانی قرار گرفته است

آدرس دفتر مرکزی: بلوار پارک وی - شرق ونکوور - استان بریتیش کلمبیا - کانادا

Tel. +1-778-751-8127 تلفن

www.kashtinooh.com وب‌سایت

info@kashtinooh.com پست الکترونیکی

Copyright © 2025 by Top Ten Award International Network

All rights reserved. No part of this publication may be reproduced, distributed or transmitted in any form or by any means, including photocopying, recording, or other electronic or mechanical methods, without the prior written permission of the publisher, except in the case of brief quotations embodied in critical reviews and certain other noncommercial uses permitted by copyright law. For permission requests, write to the publisher, addressed "Attention: Permissions Coordinator," at the address below.

Published by: Top Ten Award International Network
Vancouver, BC **CANADA**
Email: Info@toptenaward.net
www.toptenaward.net

Ordering Information:
Quantity sales. Special discounts are available on quantity purchases by universities, schools, corporations, associations, and others. For details, contact the "Sales Department" at the above mentioned email address.

Imam Hussain›s Prayers at the Arafat Desert - M.T.Jafari, 1st ed.
ISBN 978-1-77899-034-2   Paperback

Imam Hussains'sPrayers at the Arafat Desert

M.T.Jafari

Top Ten Award International Network

Vancouver, BC CANADA

www.ingramcontent.com/pod-product-compliance
Lightning Source LLC
Chambersburg PA
CBHW072156070526
44585CB00015B/1171
* 9 7 8 1 7 7 8 9 9 0 3 4 2 *